Trauer unterm Davidstern
Malerei und Druckgrafik
von Sibylle Möndel

Verlag W. Kohlhammer Stuttgart 2022

Begleitpublikation zur Ausstellung im Landesarchiv Baden-Württemberg, Staatsarchiv Ludwigsburg

Umschlagabbildung: Sibylle Möndel #202174 (Detail)

Das Projekt wurde gefördert durch ein Stipendium des Ministeriums für Wissenschaft, Forschung und Kunst Baden-Württemberg

Gedruckt auf alterungsbeständigem, säurefreiem Papier

Gestaltung: Sibylle Möndel
Druck: Appel & Klinger, Druck und Medien GmbH, Schneckenlohe
Kommissionsverlag: W. Kohlhammer GmbH, Stuttgart
Printed in Germany
ISBN 978-3-17-042250-6

Inhalt

Vorwort

In Deutschland existieren bis heute mehr als 2.000 jüdische Friedhöfe, die Zeugnis ablegen von der mehr als 1700-jährigen jüdischen Kultur im Land. Anders als viele Synagogen haben die Friedhöfe häufig die NS-Zeit überdauert und verweisen auch in Orten, wo heute keine Jüdinnen und Juden mehr leben, auf die frühere Existenz jüdischer Gemeinden. Dies gilt ganz besonders für den ländlichen Raum, wo die meisten dieser jüdischen Friedhöfe zu finden sind. Da die jüdische Bestattungskultur die Auflassung von Gräbern nicht kennt, reichen die Grabsteine auf diesen Friedhöfen häufig bis weit in die Frühe Neuzeit zurück.

Im deutschen Südwesten wurden die Friedhöfe und die dort befindlichen etwa 54.000 Grabsteine schon vor Jahren in einem groß angelegten Projekt vom damaligen Landesdenkmalamt und dem Zentralarchiv zur Erforschung der Geschichte der Juden in Heidelberg fotografisch dokumentiert. Die Fotosammlung, die heute im Staatsarchiv Ludwigsburg liegt und über das Online-Findmittelsystem des Landesarchivs online zugänglich ist, bietet einen einzigartigen Zugang zur jüdischen Sepulkralkultur im deutschen Südwesten. Sie ist nicht nur eine wertvolle Quelle für personengeschichtliche Fragestellungen, sondern ermöglicht auch einen Überblick über die Gestaltung der einzelnen Friedhöfe und ihrer Grabsteine.

Sibylle Möndel, eine in Kornwestheim lebende Künstlerin, war tief beeindruckt von dieser Dokumentation und entwickelte vor deren Hintergrund das Kunstprojekt "Trauer unterm Davidstern". Ein Stipendium des Ministeriums für Wissenschaft, Forschung und Kunst Baden-Württemberg im Jahr 2021 ermöglichte dessen Realisierung.

Ausgangspunkt für ihren neuen Werkzylus waren die Grabsteine auf den jüdischen Friedhöfen in Laupheim und Freudental. An deren äußerer Gestaltung über einen Zeitraum von fast 200 Jahren lässt sich das wandelnde Selbstverständnis der Gemeinden und ihrer Mitglieder ablesen. Die wachsende Anpassung an die Mehrheitsgesellschaft dokumentiert nicht nur das Vordringen der deutschen Sprache auf den Grabsteinen, sondern auch eine veränderte äußere Gestaltung. Im 19. Jahrhundert wurden vermehrt Ornamente und Symbole auf den Grabsteinen angebracht, die sich an den Gebräuchen der nichtjüdischen Bevölkerung orientierten. Nicht zuletzt diese Zeichen und Symbole waren es, die Sibylle Möndel zu ihren Werken veranlasst haben. In Zeiten neuer Anfeindungen will sie mit ihrem Projekt auch einen Beitrag leisten, um jüdische Grabsteine als Zeitzeichen sichtbar werden zu lassen.

Das Staatsarchiv Ludwigsburg freut sich, mit dieser Ausstellung die Serie ambitionierter Kooperationsprojekte mit regionalen Kunstschaffenden fortsetzen zu können und wünscht Ausstellung und Begleitbuch die ihnen gebührende Resonanz.

Ludwigsburg, im Mai 2022
Dr. Peter Müller
Leiter der Abteilung Staatsarchiv
Ludwigsburg des Landesarchivs
Baden-Württemberg

Spurensicherung
Zu Arbeiten von Sibylle Möndel
Clemens Ottnad

Reihen und Folgen

Die Künstlerin Sibylle Möndel arbeitet bevorzugt in mehr oder weniger in sich geschlossenen Bildfolgen und Werkblöcken. Mit den Mitteln der Malerei, der Fotografie und des Siebdrucks entwickelt sie komplexe Vorstellungswelten, die sich einerseits aus der aktuell sichtbaren Umgebungswirklichkeit speisen, im fortschreitenden Kontinuum ihrer Reihen und Folgen andererseits über dieselbe jedoch hinausweisen. Tauchen menschliche Figuren darin zwar meist nur als Randerscheinungen auf, sind die von ihr gezeigten Natur- und Stadträume dennoch als eben jene Territorien gekennzeichnet, innerhalb derer sich die bedrohte menschliche Existenz in Zukunft erst noch behaupten und bewähren muss.

Fast filmische Arrangements entstehen, wenn beispielsweise Leinwandquadrate ohne Abstand – wie bei *Netzwerk Wald* (2018) – in einer langen horizontalen Reihe präsentiert eine Art Kontaktabzugsstreifen ergeben. Verstärkt werden diese Analogien zu den Bereichen Fotografie und Film durch den Umstand, dass Sibylle Möndel häufig eigene Fotoaufnahmen und im Offset aufgerasterte Pressefotos im Siebdruck-Verfahren auf den Malgrund überträgt. Dadurch entsteht allerdings nicht nur der Eindruck, als ob es die Betrachterinnen und Betrachter mit Darstellungen quasi dokumentarischen Charakters zu tun hätten. Die visuelle Verrasterung der gesamten Bildfläche macht vielmehr deutlich, dass unsere momentanen Sinneseindrücke lediglich mit Fragmenten der genannten Wirklichkeit befasst sind, deren weiterreichende Kontexte sich uns in der Regel entziehen. Andererseits löst aber gerade ein vorgegebenes Raster den Akt einer imaginativen Vervollständigung aus, um aus den vorhandenen Bruchstücken – einem vielleicht leidvoll erfahrenen Verlust und Vergessen – wiederum Aufschluss auf das große Ganze zu erhalten und es im besten Fall sogar im Gesamten rekonstruieren zu können.

Spätestens mit der alle Lebensbereiche umfassenden Informationsüberlastung, wie sie die Globalisierung und Digitalisierung mit sich gebracht hat, ist den Erfahrungen einer immer weiter zunehmenden Auflösung der Wirklichkeit Vorschub geleistet worden. Die Digitalfotografie stellt das bezeichnende Äquivalent dieser Entwicklung vor, in technologischer Hinsicht – Pixel und Raster – sowie was die schier unüberschaubaren Bilderfluten angeht. Insofern führt Sibylle Möndels bildnerische Fragmentierung des Sichtbaren in der Kombination traditioneller und moderner Ausdrucksmedien – Malerei unter Verwendung von Naturmaterialien wie Asche u.ä., Fotografie und Siebdruck – scheinbar paradox zurück zu einer Konzentration auf essentielle Fragen des Menschseins.

Mensch und Natur

Die von Sibylle Möndel gestalteten Bildareale, in denen sich Mensch und Betrachter zurechtzufinden haben, stellen somit Wildnisse dar, unabhängig davon, ob es sich um Naturlandschaften oder um ein urban oder industriell erschlossenes Umfeld handelt. In jedem Fall fordert es einen ausgeprägten Orientierungssinn ab, um sich den eigenen Weg durch die pflanzlichen Dickichte oder aber architektonischen Dschungel der Großstadt zu bahnen. Wildnis hat hier nicht unbedingt mit Ursprünglichkeit zu tun, sondern genauso mit Verwahrlosung und der Gefährdung von Lebensräumen von Mensch und Tier: die Natur erobert sich die ihr rücksichtslos abgerungenen Territorien wieder zurück, überwuchert Gebäude und technische Anlagen und macht den Menschen scheinbar unbehaust. Dabei sind wir doch selbst Teil der Wildnis! „Aber warum muss Natur unberührt sein, damit wir sie als Wildnis und damit als erhaltenswert anerkennen? Oder anders gefragt: Warum darf jedes andere Lebewesen sie berühren, nur wir nicht? [...] Wenn die Bezeichnung [Wildnis] uns dabei hilft, Ehrfurcht, Bescheidenheit und Staunen gegenüber der Natur zu empfinden, dann erfüllt sie eine wichtige Funktion. Wir täten allerdings besser daran, uns aus der Wildnis nicht länger auszuklammern. Warum sollte sie nicht auch im nächstgelegenen Gebüsch zu finden sein, statt nur in der erhabenen Weite? Der Baum im Garten, der nahe gelegene Teich, die brach liegende Parzelle im Neubaugebiet – das alles kann Wildnis sein, wenn wir es zulassen. Es ist Zeit, uns in der Wildnis und die Wildnis um uns anzuerkennen."[1]

Entscheidende Orientierungshilfen, um diese labyrinthischen Verwilderungen zu überwinden, bietet Sibylle Möndel hingegen an, indem sie mit ihren Arbeiten unmittelbar auf die durch die Ausstellungsarchitektur vorgegebenen Raumstrukturen reagiert. Gezielt werden im Raum die Bezüge einzelner Werkgruppen hergestellt, Bildfolgen nehmen den Rhythmus von Raumfolgen vor Ort auf, Blickachsen werden gebildet, Markierungen der vorgegebenen Architektur reagieren auf die von der Künstlerin imaginierten Bildarchitekturen. Horizontale oder vertikale Reihen folgen sukzessive aufeinander, mehrteilige Blöcke (vgl. *Metamorphosen,* 2021) ballen sich zu großformatigen Tableaus zusammen, ganze Bildschwärme lösen sich all over über die Wand verteilt auf (vgl. *Vogelformation,* 2019).

Anlass zum Bild

Für das aktuelle Projekt *Trauer unterm Davidstern* (2022) hat Sibylle Möndel eine eigene Bildkonzeption entwickelt, die sowohl ausdrucksstark und präzise die gestellte Thematik jüdischen Lebens in der Region aufgreift als auch in idealer Weise den zur Verfügung stehenden Ausstellungsraum nutzt, um eine augenfällige Brücke zwischen dem kollektiven Erinnerungsspeicher auf der einen Seite und dem Archiv als Ort des Bewahrens und Zeigens auf der anderen Seite zu errichten. In Anlehnung an verschiedene Grabsteine, die sie auf den jüdischen Friedhöfen in Freudental und Laupheim vorgefunden hat, sind jeweils quadratische Leinwände als in sich geschlossene Zeichensysteme entstanden, die mit Asche grundiert worden sind und danach teilweise bemalt und bedruckt wurden. Die vorgefundenen hebräischen Inschriften und Schmuckelemente erscheinen dabei ausschnitthaft isoliert, sodass sie ebenfalls eine Art Verrasterung wie die oben genannte ausbilden, über die wiederum stark vergrößerte einzelne Schriftzeichen vorgeblendet sein können. An den Hauptpfeilern der Räumlichkeiten formieren sich jeweils neun dieser Quadrate zu zusammengehörigen Bildtableaus, die durch ihre spezifische Farbigkeit – Gelb, Sandstein, Rot, Blau und Grau – je individuell gekennzeichnet sind. Die neunteiligen Tableaus ergänzen Einzelwerke zum Thema an den umliegenden Wänden sowie kleinerformatige Leinwände, die nicht auf Leinrahmen montiert und ausschließlich mit Siebdruck bearbeitet sind.

Wie bereits bei anderen Arbeiten kombiniert Sibylle Möndel im Werkkomplex *Trauer unterm Davidstern* auf diese Weise bildhafte Elemente, die zunächst allgemeinverständlich erscheinen, mit einem rätselhaften Subtext, in diesem Fall den hebräischen Textteilen, die sich Schriftunkundigen gemeinhin nicht erschließen und wie vegetabile Zeichendickichte wirken. Während also bekanntermaßen eine Schale das Gefäß des sterblichen Menschenkörpers für die Seele repräsentiert, das Mohngewächs den Tod als Schlaf, und die Sterne für die Ewigkeit stehen, bleibt uns die Bedeutung der Inschriften selbst – und welche konkreten Persönlichkeiten sie tatsächlich betreffen – verborgen. Einem Palimpsest ähnlich überlagern sich Schrifttexte aus verschiedenen Zeiten und Zusammenhängen ebenso wie sich die verschiedenen Malschichten und Druckvorgänge gegenseitig verdichten. War die Lebensgeschichte und das Wirken eines ganz bestimmten Individuums der eigentliche Ausgangspunkt für die Gestaltung des Grabsteins, der Sibylle Möndel als Ausgangspunkt ihrer Arbeit diente, gilt die Rezeption durch die Künstlerin einer überpersönlichen und überzeitlichen Charakteristik menschlichen Daseins allgemein, das immer nur im Moment- und Ausschnitthaften erfahrbar ist.

Spuren und Fährten

Im Werkkomplex *Trauer unterm Davidstern* kommen insofern gleich mehrere Merkmale zusammen, die charakteristisch für die künstlerische Arbeit von Sibylle Möndel insgesamt sind. Die Grabsteine der jüdischen Verstorbenen lassen Spuren menschlicher Existenz in der Natur sichtbar werden, ohne dass die menschliche Figur unmittelbar darin erscheint. Sowohl die räumliche Verteilung der Steine auf dem Friedhofsgelände als auch ihre jeweilige Gestaltung – Schmuckformen, Schriftfelder u.ä. – geben ein gewisses Raster vor, das die Künstlerin aufnimmt und in eine raumbezogene Installation unter Verwendung eines gebundenen Zeichensystems verwandelt. Der Verwitterung der Steinoberflächen in der Natur entspricht die zurückhaltende Farbigkeit der Leinwandarbeiten – in der Malerei durchscheinende Schlieren die Schleier der Vergangenheit –, beides gleichermaßen das allmähliche Verblassen der Erinnerungen an ein gelebtes Leben, Geschichte und Geschichten widerspiegelnd. Am Aufbewahrungsort konkret fassbarer Archivalien entsteht so das immaterielle Vorstellungsarchiv der Künstlerin im Spannungsfeld mehr oder weniger les- und deutbarer Zeichen und Bilder, um Zeit

an sich – Zeitvergehen wie Zeitalter – besser zu verstehen.

Nicht von ungefähr erinnern die von der Künstlerin auf die Pfeiler des Archivraums aufgebrachten Tafelfelder so an Kolumbarien, wie sie besonders in der römischen Antike geläufig wurden oder im mediterranen Raum noch heute in Gebrauch sind. Ursprünglich für Körperbestattungen vorgesehen, werden heute die aus Platzgründen mehrgeschossigen Schiebegräber jedoch für Urnengräber verwendet, deren Nischen jeweils mit Steinplatten verschlossen werden, die gewöhnlich den Namen und die Lebensdaten der Verstorbenen tragen. Aus den lichtlosen Katakomben verschütteter Erinnerungen und Emotionen sind sie an die Erdoberfläche gewandert, Leinwände nun mögliche Einfallstore zu den sich nach und nach abgelagerten Zeichen- und Bedeutungskammern.

Der sogenannten Fragmentierung auf dem Gebiet der elektronischen Datenverarbeitung aber durchaus vergleichbar, wenn auf einem Datenträger logisch zusammengehörende Daten bruchstückhaft an verschiedenen Stellen abgespeichert werden, sind insbesondere Sibylle Möndels neunteilige Bildblöcke zu entschlüsseln. Autonome Darstellungen je für sich, zeigen viele der Bildtafeln eine Art Rapport, indem ein Textfeld von einer Tafel auf die nächste überspringt, Embleme und Ornamentelemente auf mehrere Tafeln verteilt erscheinen, bestimmte Farbtöne, Farbverläufe oder grafische Texturen eindeutig erkennbare Anschlussstellen zu ihren entsprechenden Bildgeschwistern aufweisen. Sorgen diese Fragmentierungen im Computerbereich in der Regel für eine eher hinderliche Verlangsamung der Lese- und Schreibvorgänge von Daten, bietet die Fragmentierung der Bildarbeiten von Sibylle Möndel dagegen die wohltuende Gelegenheit unsere Wahrnehmung zu entschleunigen, um letztlich zu der Erkenntnis zu gelangen, dass eben doch Alles mit Allem zusammenhängt.

Kunst und Wissenschaft

Vor allem in Verbindung mit der seit Ende der 1960er Jahre aus den USA aufkommenden Concept Art hatten sich die weithin als absolute Gegensatzpaare gehandelten Bereiche von Naturwissenschaften und von bildender Kunst einander weiter angenähert. Dabei waren sie in vergangenen Epochen bereits enger miteinander verknüpft als gedacht, man denke nur an den Künstler, Techniker und Universalgelehrten der italienischen Renaissance Leonardo da Vinci. In unserer Gegenwart ist inzwischen mehr denn je die Erkenntnis (wieder) herangereift, dass sich auf objektive Tatsachen beruhende naturwissenschaftlich-technische Forschungen und die auf ganz und gar subjektiven Erfahrungen basierende „Bildforschung" von Künstlerinnen und Künstlern keineswegs ausschließen, sondern sich vielmehr gegenseitig zu bereichern imstande sind. In einer weitestgehend von modernen Technologien geprägten Alltagswelt erscheint es sogar umso drängender, dieselben selbstverständlich in künstlerische Konzepte einzubinden anstatt die allgemein verbreiteten Entfremdungsprozesse weiter voranzutreiben, die einen technisch orientierten, positivistischen Fortschrittsglauben den als rückständig diffamierten „schöngeistigen Interessen" diametral gegenüberstellen.

Wegweisend waren in diesem Zusammenhang die Ausstellungskonzepte und Schriften des deutschen Kunstkritikers Günter Metken (1928–2000). Im Jahr 1974 kuratierte er im Kunstverein in Hamburg und in der Städtischen Galerie im Lenbachhaus in München unter dem Titel *Spurensicherung – Archäologie und Erinnerung* eine Ausstellung mit Arbeiten von Didier Bay, Christian Boltanski, Jürgen Brodwolf, Claudio Costa, Nikolaus Lang, Anne und Patrick Poirier, einer in den 1940-Jahren geborenen Künstlergeneration. „Zum Selbstverständnis der Spurensicherung gehört ihre scheinbare Wissenschaftlichkeit. Man gräbt aus, legt Inventare und Bestände an, die klassifiziert, etikettiert und durchfotografiert werden. Die Aufbereitung des Materials orientiert

sich an Herbarien, Schaukästen und -tafeln, unter betonter Auslassung der Kunstsammlung; der alte französische Hang zum Archiv, zur Enzyklopädie schlägt durch."[2]

Interdisziplinäre Ansätze und der ihr eigene „Hang zum Archiv" prägen so auch die künstlerische Arbeit von Sibylle Möndel. Einmal abgesehen vom aktuellen Projekt *Trauer unterm Davidstern,* das in der vorliegenden Publikation mit einem Text von Nathanja Hüttenmeister bezeichnenderweise den fundierten Textbeitrag einer Judaistin enthält, werden Bezüge zu vorangegangenen wie in der Entwicklung befindlichen Ausstellungskonzepten der Künstlerin sichtbar. So liegen der Reihe *Pflanzungen* (2020) ihre biografischen Forschungen zu dem hessischen Bildhauer Richard Martin Werner (1903–1949) zugrunde. Heute völlig in Vergessenheit geraten, hatte dieser einst das Bildmotiv der ehemaligen 50-Pfennig-Münze entworfen, das zwischen 1949 und 2001 über ein halbes Jahrhundert in der Bundesrepublik im Umlauf war und – auch und gerade als begehrtes Sammlerstück – mindestens älteren Generationen wohlvertraut ist. In verschiedenen Variationen greift Sibylle Möndel die Figur der dort gezeigten "Baumpflanzerin" auf, die eine Hommage an die sogenannten "Kulturfrauen" – besonders im niedersächsischen Raum – darstellen sollte, die die nach 1945 infolge der Kriegswirtschaft stark dezimierten Waldbestände wieder aufgeforstet hatten. Einmal mehr bezieht sich die Künstlerin damit auf die Wechselwirkungen von Mensch, Natur und Technik, die Gefahren eingeschlossen, die aus denselben entstehen können. Dagegen hat Sibylle Möndel erst jüngst ihr Projekt *dactylogramme* (2021/2022) abgeschlossen, in dem sie sich auf Spurensuche beim Erkennungsdienst der Kriminalpolizei und des Staatsarchives Ludwigsburg begeben hat, und deren Ergebnisse in einer Ausstellung des Kunstvereins Bahlingen (03.07. – 24.07.2022) gezeigt werden.

So gesehen greifen die methodischen Bildforschungen und Reihenuntersuchungen Sibylle Möndels in den Grenzbereichen von bildender Kunst und den exakten Wissenschaften ältere Traditionen der Kunstgeschichte auf, um neue Sichtweisen zu eröffnen. Für den umfangreichen Werkkomplex von *Trauer unterm Davidstern* bedeutet dies, „dass sich das Sujet der Form unterordnen muss, und deshalb fordert die Serie den Betrachter stets auf, das Werk als Gesamtschau zu erfassen. [...] Nicht nur die Concept Art hat sich vom individuellen Kunstwerk abgewandt, auch die archäologische Forschung hat ihr Interesse vom individuellen Objekt auf große Fundmengen gelenkt. An die Stelle der Ikone ist das Kollektiv der Dinge getreten, anhand derer soziale Strukturen mit Hilfe der Statistik konstruiert werden sollen. Nicht nur die Concept Art, auch die Archäologie sieht in der Serie einen Querschnitt durch Raum und Zeit, quer durch die Gesellschaft und diachron durch die Geschichte. [...] Aus dieser Perspektive heraus haben Künstler versucht, aus den Dingen bzw. aus der Transformation der Dinge Einsichten in die Mechanismen unserer gesellschaftlichen Beziehungen zu gewinnen. Auf dieselbe Art und Weise verfahren Archäologen. Der Unterschied liegt nur darin, dass die Künstler die Transformation selbst vornehmen, während die Wissenschaftler diese bereits vorfinden und sich zu Nutze machen."[3]

1 Svenja *Beller*: Die Wildnis gibt es nicht. In: Science Notes, Heft 6, 2020, zit. nach: https://sciencenotes.de /die-wildnis-gibt-es-nicht/ (aufgerufen am 02.02.2022).
2 Günter *Metken*: Spurensicherung. Kunst als Anthropologie und Selbsterforschung. Fiktive Wissenschaften in der heutigen Kunst. Köln 1977, S. 12.
3 Sabine *Rieckhoff*: Ist das Archäologie oder kann das weg? Zur Konvergenz von Archäologie und Kunst. In: Massendinghaltung in der Archäologie. Der Material Turn und die Ur- und Frühgeschichte. Hg. von Kerstin P. *Hofmann* u.a. Leiden 2016, S. 158f.

Jüdische Friedhöfe in Deutschland
Nathanja Hüttenmeister

Jüdische Friedhöfe zählen zu den ältesten materiellen Zeugnissen jüdischen Lebens in Deutschland. Wie ein steinernes Archiv bewahren sie das Gedenken an längst vergangene Zeiten, künden vom Leben und Tod Einzelner, von den Vorstellungen vom Leben in dieser und in der künftigen Welt. Und Friedhöfe sind immer auch ein Spiegelbild der sie hervorbringenden Gesellschaft. Zusammen mit den Inschriften können die Grabmale uns weit über biografische Daten hinaus einen Einblick geben in diese Gemeinschaft, von ihrer Organisation bis hin zu ihren Werten und Idealen und deren Wandel im Laufe der Jahrhunderte. Dafür sind auch die beiden Friedhöfe in Laupheim und Freudental, die der hier vorgestellten künstlerischen Annäherung an diese Orte als Grundlage dienten, gute Beispiele.

Die folgende Einführung soll einen Überblick geben über die tausendjährige Geschichte jüdischer Sepulkralkultur in Deutschland,[1] bevor die beiden Friedhöfe in Laupheim[2] und Freudental[3] näher betrachtet und in diese Entwicklung eingeordnet werden.

Einführung

Für die Ewigkeit errichtet, zur Wahrung des Gedächtnisses an ein einzelnes Individuum bis zur einstigen erhofften Wiederbelebung am Ende der Tage, zeugen die Grabmale vom Leben und Sterben Einzelner, vom kleinen Kind bis zum hochgeachteten Greis. Dabei dienten und dienen Grabmale nicht nur zur Kennzeichnung der Gräber und als Träger von Inschriften, sondern sie repräsentieren in ihrer Gestaltung sowie in der Relation eines einzelnen Grabsteins zum Ensemble seines Friedhofs das Selbstverständnis des Einzelnen wie auch der hervorbringenden Gemeinschaft. Dieses zu Stein gewordene Archiv gilt es in seiner Gesamtheit zu betrachten, vom Friedhofsgelände selbst über das Ensemble seiner (erhaltenen) Grabmale bis hin zu den Inschriften.

Der Friedhof

Ein jüdisches Grab wird für die Ewigkeit angelegt, die Totenruhe muss gewahrt bleiben bis zur einstigen Wiederbelebung der Toten am Jüngsten Tag. Die Auflassung und Neubelegung eines Grabes ist halachisch – religionsgesetzlich – nicht erlaubt. Daher musste es im Mittelalter und der Frühen Neuzeit im Bestreben eines Einzelnen wie auch seiner Gemeinde liegen, entsprechenden obrigkeitlichen Schutz zu erwirken und – wenn auch lange Zeit nicht möglich – das Gelände für einen Friedhof auf Dauer zu erwerben.

Auch musste den halachischen Bestimmungen nach ein Friedhof außerhalb einer Siedlung liegen. Im Mittelalter lagen die jüdischen Friedhöfe meist unmittelbar vor den Toren der Städte, sie hatten also eine prominente Lage und waren gut erreichbar. Im Zuge der Vertreibung der Juden aus den mittelalterlichen Städten wurden jedoch die meisten mittelalterlichen Friedhöfe zerstört. Nur in Worms und Frankfurt stehen hierzulande heute noch mittelalterliche Steine auf ihren Gräbern, die meisten Grabmale haben sich nur deshalb erhalten, weil sie geraubt und als Spolien verbaut wurden. Meist dienten sie als billig verfügbares Baumaterial, sie konnten aber auch als sichtbares Zeichen des Triumphes der Ecclesia über die Synagoga eingesetzt werden oder dienten sichtbar verbaut als Siegestrophäen, die an die Vertreibung der Juden aus der Stadt erinnern sollten. Mit der Zerstreuung der Juden in den ländlichen Gebieten nach der Vertreibung aus den mittelalterlichen Städten, galt es zunächst, für ein – wie auch immer beschränktes – Ansiedlungsrecht und den täglichen Lebensunterhalt zu sorgen, doch gehörte die Sorge für eine Begräbnisstätte stets zu den ersten Anliegen einer neuen Gemeinschaft. Dies war jedoch in dieser unsicheren Zeit, in der der Erwerb von Grundbesitz für Juden oft nicht möglich war, von der Willkür der Obrigkeit abhängig, äußerst schwierig und mit hohen Kosten verbunden.

Im 16. Jahrhundert begannen die weit über das Land zerstreuten jüdischen Familien und kleinen Gemeinden, sich in den Landjudenschaften wieder territorial zu organisieren. Dies führte, vor allem in Süddeutschland, zur Gründung von großen Verbandsfriedhöfen. Häufig wurden den Juden in jener Zeit für ihre Friedhöfe in erster Linie Gelände zur Verfügung gestellt, die anderweitig kaum mehr nutzbar waren: abgelegene Steilhänge, Nordhänge, steiniges oder sumpfiges Gebiet, auch Überschwemmungsgebiete, und oft nur mühsam zu erreichen. Damit waren sie auch für das Begraben von Toten denkbar schlecht geeignet. Die großen Verbandsfriedhöfe wurden oft bis in die 1940er Jahre belegt, doch nahm die Zahl der beteiligten Gemeinden im Laufe der Zeit ab, denn seit dem 18. Jahrhundert gelang es immer mehr Gemeinden, einen eigenen Friedhof anzulegen, vor allem aus dem Bestreben heraus, besser dem religiösen Gebot nachzukommen, einen Toten möglichst schnell beizusetzen.

Im 19. Jahrhundert ermöglichte die nach und nach erfolgte bürgerliche Gleichstellung den Juden nun endlich, Grundbesitz zu erwerben und Friedhöfe (vermeintlich) auf Dauer anzulegen. Die Mehrzahl der heute noch über 2.000 erhaltenen jüdischen Friedhöfe geht in diese Zeit zurück. Darüber hinaus sahen es die Kommunen vielerorts seit Ende des 19. Jahrhunderts als ihre Pflicht an, auch den jüdischen Bürgern Begräbnisplätze auf den neuen städtischen Friedhöfen anzubieten. So entstanden manchmal jüdische Abteilungen innerhalb von städtischen Friedhöfen. Von den meisten Gemeinden wurden diese jedoch nicht in Anspruch genommen, da auf solchen städtischen Friedhöfen das dauerhafte Ruherecht nicht gewährleistet war. Stattdessen bemühten sie sich um die Anlage eigener Friedhöfe, die aber nun vielerorts unmittelbar an die städtischen Friedhöfe grenzten. Während ältere Friedhöfe mit der Zeit gewachsen und häufig auch mehrfach erweitert worden waren, flossen in die Gestaltung dieser jungen städtischen Friedhöfe – entsprechend der neuen Ziele der Friedhofskunst – landschaftsgestalterische und architektonische Überlegungen mit ein.

Um den halachischen Vorschriften bezüglich der rituellen Reinheit Genüge zu tun, musste es auf oder in der Nähe eines Friedhofs eine Wasserquelle für das vorgeschriebene Händewaschen beim Verlassen des Friedhofs geben. Die Reinigung der Toten, die Tahara, konnte im Trauerhause geschehen, mancherorts wurden zu diesem Zweck auch kleine schlichte Häuschen auf den Friedhöfen errichtet, vor allem auf Verbandsfriedhöfen, bei denen aufgrund der langen Wege die Wahrung der rituellen Reinheit eines Toten während des oft langen Transports nicht immer gewährleistet werden konnte. Seit der Mitte des 19. Jahrhunderts wurden anstelle von kleinen Tahara-Häuschen vielerorts repräsentative, häufig von namhaften Architekten entworfene Trauerhallen errichtet, die neben der eigentlichen Trauerhalle nicht nur Einrichtungen für die Tahara, sondern auch Räume für die Gerätschaften der Totengräber und Friedhofsgärtner und manchmal auch eine Wohnung für einen Friedhofswärter umfassen konnten.

Die Belegung des Friedhofs

Eine Grabstelle wurde meist von der Chewra Kadischa bestimmt, der ehrenamtlichen und spendenfinanzierten Beerdigungsgesellschaft, die sich seit der Frühen Neuzeit allerorten um Krankenbesuch und die Begleitung Sterbender, die rituelle Bestattung und den Friedhof kümmerte. Die Wahl einer Grabstelle war je nach Zeit und Gemeinde wechselnden Kriterien unterworfen, wie Alter und Geschlecht, gesellschaftliche und wirtschaftliche Stellung, Familienzugehörigkeit und Herkunft, religiöse Vorstellungen, der Lebenswandel sowie die Umstände des Todes einer oder eines Verstorbenen. Und so kann die Lage eines Grabes auf einem jüdischen Friedhof im Verhältnis zu den anderen Gräbern heute Aufschlüsse geben über den religiösen, sozialen und gesellschaftlichen Stand einer Person.

Auf den alten Friedhöfen begrub man meist lange in Familiengruppen, mancherorts lässt sich auch eine – aus der Synagoge bekannte – Trennung der Geschlechter feststellen. Auch gab es meist eigene Bereiche für verschiedenen Personengruppen, wie Rabbiner und andere hochgestellte Persönlichkeiten der Gemeinde, Wöchnerinnen und Märtyrer. Oft auf den ersten Blick erkennbar sind fast überall vorhandene eigene Kinderfelder, denen in erster Linie praktische Erwägungen zugrunde liegen – ging man doch immer sehr sparsam mit dem zur Verfügung stehenden Raum um; denn ein Kindergrab nahm weit weniger Platz ein als ein Erwachsenengrab.

In der zweiten Hälfte des 19. Jahrhunderts legten die neo-orthodoxen Austrittsgemeinden eigene Felder auf bestehenden Friedhöfen an, wie in Chemnitz oder Bingen, wenn sie nicht eigene Friedhöfe gründeten, wie in Berlin, Frankfurt, Karlsruhe oder Köln. Hier suchten sie die alten Traditionen zu wahren, die meist schlicht und einheitlich gestalteten Grabsteine tragen bis zuletzt vornehmlich hebräische Inschriften, auf Ornamentik und Prunk wurde verzichtet, ebenso auf Neuerungen wie die umstrittenen Urnenbeisetzungen. Feuerbestattungen widersprachen den religiösen Vorstellungen und blieben vielerorts heftig umstritten. Gleichwohl nahm die Zahl derer, die sich kremieren lassen wollten, seit Anfang des 20. Jahrhunderts deutlich zu, und so wurden auf vielen Friedhöfen eigene Reihen oder Felder für Urnenbeisetzungen eingerichtet, in deutlichem Abstand von den anderen Gräbern des Friedhofs.

Laut Talmud soll kein „Gerechter" neben einem „Frevler" begraben werden. Damit erklären sich eigene Felder für Personen, deren Sterben nicht den Vorstellungen der Gemeinschaft oder zumindest der Rabbiner entsprochen hatte, wie zum Beispiel Selbstmörder oder Personen mit ungeklärter Todesursache, und Personen, die aufgrund ihres Lebenswandels nicht neben den anderen begraben werden sollten.

Die Reihenfolge der Beisetzung war also von Ort zu Ort recht unterschiedlich und in erster Linie von lokalen Traditionen bestimmt. Eine ursprüngliche Beisetzung nach Familiengruppen wird – spätestens seit dem 19. Jahrhundert – zunehmend von einer Beisetzung in chronologischer Reihenfolge abgelöst, wobei mancherorts eine Trennung der Geschlechter zu beobachten ist. Eigene Felder für bestimmte Personengruppen sind fast überall nachzuweisen.

Der Mindestabstand zwischen den einzelnen Gräbern ist halachisch festgelegt. Die Grabsteine stehen am Kopfende des Grabes, wie auch den Formulierungen der ältesten Inschriften zu entnehmen ist. Die Gräber selbst waren hierzulande oft, altem Brauch entsprechend, nach (Süd-)Osten ausgerichtet, so dass der Tote in Richtung Jerusalem blickte, dem Ort der erhofften Wiederbelebung am Ende der Tage. Selten lässt sich jedoch Genaueres über die Lage der Gräber sagen. Erst als im 19. Jahrhundert vielerorts Grabeinfassungen üblich werden, wird die Lage des Grabes deutlich: Es liegt in der Regel nun vor dem Grabstein, dessen Schriftseite dem Grab zugewandt ist.

Die Grabmale

Nicht nur die Position und Ausrichtung eines Grabmals, auch seine Gestaltung und sein Material geben vielfältige Auskünfte über den Status der oder des Verstorbenen, wobei jede Gemeinde ihre eigenen Vorstellungen und Bräuche entwickelte, die im Laufe der Jahrzehnte und Jahrhunderte einem ständigen Wandlungsprozess unterworfen waren.

Die Grabmale der aschkenasischen Juden, also der mittel- und osteuropäischen Juden, stehen in der Regel aufrecht, im Gegensatz zu den Grabmalen der sefardischen Juden, der Nachfahren der Ende des 15. Jahrhunderts aus Spanien und Portugal vertriebenen oder zwangschristianisierten und später zum Judentum zurückgekehrten Juden. Diese wurden in Form von liegenden Grabplatten, Scheinsarkophagen und Pyramidalgräbern gestaltet. Bis weit ins 19. Jahrhundert waren die Grabsteine in der Regel aus Sandstein gefertigt, seltener auch aus Muschelkalk. Wenige erhaltene Beispiele belegen auch die Verwendung von Holz.

Die auf den ersten Blick vielleicht gleichförmig erscheinende, aber doch so vielfältige und variationsreiche Gestaltung der Grabmale im Laufe der Jahrhunderte, kann an dieser Stelle nur in groben Zügen umrissen werden. Die ältesten erhaltenen Grabsteine aus dem 11. und 12. Jahrhundert schließen oben meist gerade ab, doch spätesten im 13. Jahrhundert treten vereinzelt die ersten Rundbögen auf. Die Schriftfelder sind oft eingetieft und ihre Gestaltung wird im Laufe der Zeit vielfältiger. Seit dem 17. Jahrhundert nimmt die Zahl der rundbogigen Abschlüsse deutlich zu, sie werden immer mehr variiert und die geraden Abschlüsse werden fast ganz verdrängt. Spätestens jetzt entwickelt jede Region, jeder einzelne Friedhof, sein ganz eigenes Profil mit eigenen Formen und eigenem Stil.

Die oft relativ schlicht gestalteten Grabsteine mit der hebräischen Schrift als vorherrschendem Gestaltungsmerkmal waren teilweise bis weit ins 19. Jahrhundert hinein üblich. Dann jedoch kommt es – aufgrund neuer technischer Fertigungs- und Transportmöglichkeiten einerseits und den Bedürfnissen einer zunehmend bürgerlichen Gesellschaft andererseits – fast zu einer Explosion von Formen und Variationen. Deutlich wird nun eine zunehmende Orientierung an der Sepulkralkultur der Umgebungsgesellschaft, doch gab es auch eigenständige Entwicklungen wie zum Beispiel im Zuge des Historismus mit neo-islamischen Stilelementen gestaltete Grabmale.

Üblich werden nun Sockel und Grabeinfassungen, und viele Grabsteine sind nun größer und aufwendiger gestaltet. Auf städtischen Friedhöfen werden große Familienerbbegräbnisstätten mit repräsentativen Grabbauten immer beliebter. Zunehmend treten die Schrift und damit auch die Bedeutung der Inschrift insgesamt hinter die teilweise schon überbordend zu nennende Ornamentik zurück. Gleichzeitig werden neben dem traditionellen Sandstein oder Muschelkalk nun neue Materialien wie Hartgesteine und Kunststeine beliebt, vielerorts mit metallenen Ziergittern bis hin zu ganzen Gitterwänden, wie zum Beispiel auf dem jüdischen Friedhof in Berlin-Weißensee. Erst nach dem Ersten Weltkrieg werden im Zuge des veränderten Zeitgeschmacks einerseits und durch eine Rückbesinnung auf die eigenen alten Traditionen andererseits die Grabsteine wieder schlichter, auch die Rundbögen werden wieder häufiger. Im 20. Jahrhundert haben sich auch Künstler mit der Gestaltung von Grabmalen beschäftigt. So gestaltete der Hamburger Kunstprofessor Friedrich Adler (1878–1942) eine Reihe von Jugendstil- und Art Déco-Grabmalen auf dem Friedhof seines schwäbischen Heimatortes Laupheim.

Während sich im 19. Jahrhundert die Beisetzung in strikt chronologischer Reihenfolge vielerorts durchgesetzt hatte, wird nun vor allem da, wo Doppelgräber oder Familienerbbegräbnisse nicht üblich waren, die Grabmalgestaltung oft ein Mittel, familiäre Verbundenheit auszudrücken: Häufig wurden die Grabmale von Ehepartnern, manchmal die ganzer Familien, identisch oder sehr ähnlich gestaltet.

Zunehmend werden im 19. Jahrhundert in

Steinmetzbetrieben Mustergrabsteine und seriell gefertigte Ware ausgestellt. Dies führte dazu, dass man manchmal auf jüdischen Friedhöfen auch Grabsteine mit mehr oder weniger deutlichen christlichen Anklängen finden kann, wie Grabmale in Form von stilisierten Kreuzen oder die Abbildung von Alpha und Omega. Zudem finden sich vor allem seit den 1930er Jahren immer häufiger vor den Daten kleine Kreuze für „gestorben", ein Symbol, das man aufgrund seiner christlichen Konnotation lange vermieden hatte.

Symbolik

Grundsätzlich muss man die Ornamentik auf jüdischen Grabmalen unterscheiden von der Symbolik, also den reinen Schmuck einerseits von den Darstellungen und Verzierungen mit tieferer Bedeutung andererseits. Die Symbolik lässt sich wiederum trennen in jüdische Symbolik einerseits und allgemeine, von der Umgebungskultur übernommene Darstellungen, insbesondere Vanitassymbole, andererseits. Hier sollen vor allem die jüdischen Symbole in den Blick genommen werden.

Die segnenden Priesterhände und die Levitenkanne zählen zu den Abstammungssymbolen, sie symbolisieren die Abstammung des Verstorbenen vom aaronidischen Priestergeschlecht der Kohanim oder von den Leviten. Die Kohanim waren im Tempel für die Darbringung des Opfers zuständig und sprachen den Segen über das Volk. Bei diesem Segen, der bis heute im Synagogengottesdienst gesprochen wird, erhebt der Kohen die Hände in der typischen Fingerhaltung. Die Leviten waren für die kultische Reinheit zuständig und wuschen den Kohanim vor dem Segen die Hände. Dies wird auf Grabsteinen mit einer Kanne symbolisiert, die häufig in Form eines zeitgenössischen Waschgeräts gestaltet ist.

Andere Symbole stehen für verschiedene Funktionen innerhalb der jüdischen Gemeinschaft. Die Tätigkeit des Mohels, des Beschneiders, der die jüdischen Knaben am achten Lebenstag beschnitt, wird durch ein Messer symbolisiert, manchmal flankiert von Salbenfläschchen. Ein Schofar steht für die hohe Ehre und große Kunst des Schofar-Blasens an den hohen Feiertagen Neujahr und Versöhnungstag. Eine schreibende Hand steht für den Sofer, der in mühevoller Arbeit Torarollen und andere religiöse Texte herstellte. Bücher können für Gelehrsamkeit stehen, Gebetsbücher für Frömmigkeit, oder sie symbolisieren die religiösen Werke eines bekannten Gelehrten.

Neben Zedaka-Büchsen als Symbol für das Gebot der Wohltätigkeit findet man vor allem in Süddeutschland auf Grabsteinen von Frauen, die am Freitagabend die Schabbat-Kerzen entzünden, manchmal die Darstellung von Schabbatlampen und -kerzen.

Die Menora war schon in der Antike das Symbol für das Judentum und geht zurück auf die Leuchter, die im Tempel rechts und links des Altars standen und nach der Zerstörung des Tempels durch die Römer geraubt wurden, wie auch in Rom auf dem Titusbogen dargestellt. Schon in der Antike findet man die Darstellung der Menora auf jüdischen Grabsteinen, und hierzulande vor allem seit dem 20. Jahrhundert hier und dort neben dem zweiten Symbol für das Judentum, dem Davidstern.

Der Davidstern, wörtlich Magen David, das Schild Davids, in der Antike eines von vielen Symbolen, entwickelte sich im 19. Jahrhundert zu dem Symbol des Judentums schlechthin, und spätestens seit dem Ersten Weltkriegs ist er auch sehr häufig auf Grabsteinen dargestellt.

Namenssymbole gehen meist auf den Segen Jakobs über seine Söhne (Genesis 49,1-28) zurück: Naftali wird mit einem springenden Hirsch verglichen, Jehuda mit einem jungen Löwen, Benjamin mit einem Wolf. Issachar wird mit einem Esel verglichen, an dessen Stelle hierzulande der Bär tritt als Sinnbild für Ausdauer, Geduld und Stärke.

Ebenfalls beliebt war die Darstellung von Kronen, als Kronen der Gelehrsamkeit, des Priestertums und vor allem als Krone des guten Namens nach Pirke Awot 4,17, den „Sprüchen der Väter" aus dem 2. Jahrhundert: RabbiSchimon sagt: Drei Kronen gibt es: Die Krone der Tora, die Krone der Priesterwürde und die Krone des Königtums; die Krone des guten Namens aber übertrifft sie alle. Bei verheirateten Frauen kann die Krone auch für den so häufig zitierten Vers Sprüche 12,4 stehen: Eine tüchtige Gattin ist die Krone ihres Mannes. Figürliche Darstellungen bleiben bis ins 20. Jahrhundert hinein die Ausnahme – entsprechend des biblischen Bilderverbots wurden auch bei der Gestaltung der Grabsteine wie in der gesamten aschkenasisch-jüdischen Kunst figürliche Darstellungen meist vermieden. Erst auf städtischen Friedhöfen des 20. Jahrhunderts kann man immer wieder mal Reliefs mit figürlichen Darstellungen, aber auch Vollplastiken finden, wie die Allegorie der Trauer. Seit dem 19. Jahrhundert findet man verstärkt auch Symbolik nichtjüdischen Ursprungs auf den Grabsteinen, so Schmetterlinge als Symbole für die Metamorphose der Seele, vielfältige Vanitas-Symbole, wie Sanduhren, gesenkte Fackeln oder geknickte Blumen, aber auch Symbole für weltliche Berufe, den Äskulapstab, und vieles mehr.

Die Inschriften

Bis weit ins 19. Jahrhundert hinein waren jüdische Grabsteine nur hebräisch beschriftet. Die ältesten hierzulande erhaltenen Grabsteine aus dem Mittelalter tragen meist relativ kurze Inschriften, beschränken sich auf die Angabe von Status („Mann", „Frau", „Kind", „ledig", „alt" etc.), jüdischem Namen mit Vatersnamen und Sterbedatum nach dem jüdischen Kalender, gerahmt von einer Einleitungsformel und einem abschließenden Segen. Im Laufe der Zeit wurden die Inschriften ausführlicher, wurden erweitert durch eine Eulogie, eine Lobrede auf den oder die Verstorbene, die sich auf wenige lobende Attribute beschränkte oder aus vielfältigen Zitaten aus der Traditionsliteratur zusammengesetzt war, ausgeschmückt mit Reim, Wortspielen mit den Namen und Akrosticha und Chronogram-

men. Genannt werden auch die Funktionen und Ehrentitel, die ein Verstorbener in seiner Gemeinde innehatte, und zu den jüdischen Namen treten vermehrt die Alltags- oder Rufnamen. Je gelehrter eine Gemeinde war, je wichtiger die verstorbene Person, desto länger, ausführlicher und kunstvoller konnten die Inschriften werden. Jede Gemeinde, jede Zeit, entwickelte ihren eigenen Stil. Mit der Zeit bildete sich jedoch ein Standardformular von beliebten Wendungen, Formulierungen und Zitaten heraus, die die Inschriften zunehmend gleichförmiger erscheinen lassen. Doch je weniger individuell die Inschriften abgefasst waren, je weniger sie biografische Details oder die besonderen Tugenden eines Verstorbenen deutlich werden lassen, desto mehr spiegeln sie die in einer bestimmten Zeit vorherrschenden Ideale und Werte und – über einen großen Zeitraum betrachtet – den Wandel dieser Werte im Laufe der Jahrhunderte.

Aus dem Jahr 1800 in Berlin stammen die frühesten bekannten deutsch abgefassten jüdischen Grabinschriften, zunächst noch in hebräischen, seit 1810 auch in lateinischen Buchstaben. Während des 19. Jahrhunderts breiten sich die deutschen Inschriften von Berlin aus langsam aus, seit Mitte des 19. Jahrhunderts tragen die Grabsteine vielerorts zunächst auf der Rückseite eine kurze deutsche Inschrift, die nur den bürgerlichen Namen und das Sterbejahr angibt. Im Laufe der Zeit werden die deutschen Inschriften ausführlicher, nennen Geburts- und Sterbedaten und werden von Einleitungsformel und Schlusssegen gerahmt, im Stil der Inschriften, wie sie auch in der jeweiligen Umgebung üblich waren. Dagegen bleiben Versuche, die Inhalte der hebräischen Inschriften auch in das neue Medium der deutschen Sprache zu übertragen, eine seltene Ausnahme.

Sukzessive verdrängt das Deutsche die hebräischen Inschriften, sie werden zunächst auf die Rückseite und dann auf der Vorderseite unter die hebräischen Inschriften platziert, bis schließlich beide Sprachen kombiniert werden oder das Hebräische ganz verschwindet.

Gleichzeitig waren immer weniger Gemeinde-mitglieder fähig, eine individuelle hebräische Grabinschrift zu verfassen, und so griff man gerne auf Musterinschriften zurück, wie sie Kompendien jüdischer Totenliturgie und Trauergebräuche beigegeben waren. Solche Kompendien erfreuten sich seit Anfang des 18. Jahrhunderts wachsender Beliebtheit und fanden weite und nachhaltige Verbreitung. An-fang des 20. Jahrhunderts findet man längere hebräische Inschriften meist nur noch bei bis zuletzt traditionell bestimmten kleinen Landgemeinden, auf Grabsteinen von Mitglie-dern der neo-orthodoxen Austrittsgemeinden oder Zuwanderern aus Osteuropa. Erst in der NS-Zeit ist mancherorts wieder ein Anstieg he-bräischer Inschriften zu beobachten.

Die NS-Zeit

Die NS-Zeit hat deutliche Spuren auch auf den jüdischen Friedhöfen hinterlassen. Überall findet man reservierte Grabstellen, die nicht mehr belegt, und Doppelgrabsteine, die nicht mehr beschriftet wurden, weil diejenigen, die hier begraben werden wollten, rechtzeitig emigriert waren oder deportiert und ermordet wurden. Die letzten Gräber wurden oft nicht mehr durch Grabsteine gekennzeichnet, weil keiner mehr da war, der einen Grabstein hätte setzten können. Stattdessen wurden viele Grabsteine nach Kriegsende von überlebenden Angehörigen mit Gedenkinschriften für ermor-dete Familienmitglieder versehen.

Während der NS-Zeit wurden viele Friedhöfe systematisch zerstört, andere, die meist vorher von ihren jeweiligen Gemeinden zwangsver-kauft werden mussten oder enteignet wurden, wurden abgeräumt, die Grabsteine an Stein-metze verkauft oder zum Bau verwendet. Nur wenige Friedhöfe blieben von Vandalismus und Schändungen verschont, die es allerdings auch schon früher gegeben hatte und bis heute gibt. Zudem wurde im Rahmen der „Metallspende des deutschen Volkes" seit 1940 auch auf den allermeisten jüdischen Friedhöfen sämtliches Metall in Form von aufgesetzten Metallbuch-staben, Ziergittern und Verzierungen entfernt.

Nach Kriegsende wurden die noch erhalte-nen Friedhöfe nach und nach wieder instand-gesetzt. Mancherorts wurden abgeräumte Grabsteine wieder aufgestellt oder ersetzt, manchmal auch noch vorhandene Grabsteine umgesetzt, so dass aufgrund der heutigen Gestaltung und Aufstellung der Grabmale nicht immer auf das ursprüngliche Aussehen eines Friedhofs geschlossen werden kann. Heute gelten viele Friedhöfe als „geschlossen", stehen unter Denkmalschutz und werden dort, wo keine jüdische Gemeinde mehr besteht, von den Kommunen im Auftrag der jüdischen Landesverbände gepflegt. Häufig wurden Gedenksteine gesetzt, die der vernichteten jüdischen Gemeinden gedenken – anstelle des privaten und persönlichen Gedenkens tritt nun zunehmend das kollektive Gedenken. Wenige Friedhöfe werden von den neu entstandenen jüdischen Gemeinen heute weiter belegt und in den letzten Jahren wurden auch neue jüdi-sche Friedhöfe angelegt. Die Gestaltung der Grabmale heute lässt deutlich die Herkunft des überwiegenden Teils der heutigen Gemeinde-mitglieder aus den ehemaligen GUS-Staaten erkennen, mancherorts führen strenge Regula-rien auch zu einer sehr einheitlichen Gestal-tung und Beschriftung der Grabmale.

Mit der Zerstörung des deutschen Judentums wurde auch der jahrhundertelangen Entwick-lung der deutsch-jüdischen Sepulkralkultur mit ihrem stetigen fruchtbaren Austausch zwischen alter Tradition und modernen Ein-flüssen, zwischen Bewahren und Erneuern, zwischen Gedenken und Repräsentieren ein jähes Ende gesetzt. Es bleibt abzuwarten, ob sich in Zukunft wieder eine eigene deutsch-jüdische Sepulkralkultur entwickeln wird.

Der jüdische Friedhof Laupheim

Mit seinen über 900 erhaltenen Grabmalen ab der Mitte des 18. Jahrhunderts zählt der jüdische Friedhof in Laupheim zu den größeren jüdischen Friedhöfen kleinstädtischer Gemeinden. Er umfasst heute nach mehreren Erweiterungen insgesamt fast 47 Ar. In Form eines langgestreckten Rechtecks erstreckt er sich vom ältesten Teil im Westen bis zum neuen, nicht mehr voll belegten Teil im Osten, wo er durch im Halbrund gepflanzte Zierbäume abgeschlossen wird. Meist nach Osten, in Richtung auf die heilige Stadt Jerusalem ausgerichtet, stehen die Grabsteine in ca. vierzig geraden, in Nord-Süd-Richtung verlaufenden Reihen. Während die Grabmale im ältesten Teil im Westen noch in lockerer Abfolge über den Rasen verteilt sind, so schließen sich die Reihen bald, die Grabsteine stehen immer dichter gedrängt. In den 1830er Jahren setzte sich der Brauch durch, nach Geschlechtern getrennt zu beerdigen: auf der Nordseite des Friedhofs die Männer, im Süden die Frauen. Diese Ordnung wird bis ins 20. Jahrhundert nur durch einige jüngere Kindergräber auf dem ältesten Teil unterbrochen.

Als im Jahr 1824 Rabbiner David Levi (△520) starb, beschloß man offensichtlich, für Rabbiner eine Ehrenreihe anzulegen. Sein Grab liegt weit entfernt von den anderen Gräbern der Zeit, an der östlichen Grenze des damaligen Friedhofgeländes. Als man jedoch neben ihm im Jahr 1853 Rabbiner Jakob Kauffmann (△519) beerdigte, war die Ehrenreihe schon fast von den anderen Grabmalen eingeholt worden, der Friedhof wiederum fast voll belegt, eine weitere Vergrößerung nötig. 1854 wurde der Friedhof erneut erweitert, wiederum nach Osten, diesmal um 1.100 Quadratmeter, und der alte Bretterzaun durch eine Mauer ersetzt. Die Gemeinde wuchs in diesen Jahren schnell und war Mitte der 1850er Jahre zeitweilig die größte jüdische Gemeinde Württembergs. Und so musste der Friedhof schon 1877 ein weiteres Mal erweitert werden. Doch inzwischen hatte auch die Abwanderung begonnen, vornehmlich in die größeren Städte.

1907 wurde an der Stelle des alten Taharahauses in der südwestlichen Friedhofsecke das heute noch stehende Friedhofswärter- und Leichenhaus errichtet. Seit 2014 beherbergt das sanierte Haus eine Dokumentationsstätte zur Geschichte der Laupheimer Juden.

Ende der 1920er Jahren wurde der Friedhof ein letztes Mal nach Osten hin erweitert. Der in West-Ost-Richtung verlaufende Weg wurde fortgeführt und endet vor einem Halbrund aus Zierbäumen. Bisher waren alle Grabsteine altem Brauch entsprechend nach Osten, in Richtung Jerusalem ausgerichtet. Mit der Gestaltung des neues Friedhofsteils wurde nun entlang des den Friedhof kreuzenden Weges zwei Reihen mit auf den Weg gerichteten, größeren Grabstellen, meist Familiengräbern, angelegt. Die Grabmale der Reihe östlich des Weges weisen damit erstmals nach Westen. Vermutlich war geplant, auch den Rest des Friedhofgeländes entsprechend zu gestalten, denn auch die folgenden Reihe ist großzügiger angelegt.

Die NS-Zeit hat auch hier deutliche Spuren hinterlassen. Viele der in den 1920er und Anfang der 30er Jahre errichteten Doppelsteine für Ehepaare tragen nur eine Inschrift, der dem Partner zugedachte Raum blieb unbeschriftet. Viele sind deportiert und ermordet worden, einige hatten sich durch Flucht rechtzeitig dem Zugriff der Nationalsozialisten entziehen können. Insbesondere älteren Menschen war jedoch die Möglichkeit der rechtzeitigen Flucht aus Deutschland nicht gegeben. Ein kleiner schlichter Grabstein (△388) zeugt vom Schicksal der drei betagten Schwestern Kirschbaum: Sie wurden aus ihrem Heim auf dem Judenberg in eine Baracke der Wendelinkiesgrube zwangsausquartiert, wo sie im Februar 1941 im Abstand von jeweils einem Tag der Tod ereilte.

Allein aus dem Jahr 1942 finden sich 25 Grabmale auf dem Friedhof, die mit Abstand höchste Anzahl von Grabmalen in einem Jahr überhaupt. Diese Grabmale sind meist schlicht und einheitlich gestaltet und wurden alle erst nach Kriegsende errichtet. Sie wurden zumeist

Menschen gesetzt, die nicht aus der Laupheimer jüdischen Gemeinde stammten. Zu ihnen gehörte auch die 1860 geborene Sophie Reinauer, die seit 1909 mit ihrer Schwester Philippine in Tübingen lebte. Am 26. März 1941 wurde sie in die Pflegeanstalt Heggbach bei Biberach eingeliefert, wo sie am 11. Januar 1942 starb (△396). Heggbach, ursprünglich eine Pflegeanstalt für geistig Behinderte, stand nach den Euthanasieaktionen der Nationalsozialisten weitgehend leer. Hier wurden von 1940 bis 1942 jüdische Pfleglinge aus ganz Württemberg untergebracht. Die in dieser Zeit Verstorbenen wurden auf dem Friedhof in Laupheim beigesetzt. Im März 1942 wurde im Schloß Dellmensingen ein Zwangsaltersheim eingerichtet, das für mehr als hundert württembergische Juden Durchgangsstation in die Deportation war. 18 der Insassen verstarben dort zwischen März und August 1942 und wurden ebenfalls in Laupheim beigesetzt.

Das letzte und schlimmste Kapitel des Friedhofs wurde vor Kriegsende im Januar 1945 geschrieben, als man 133 Juden aus dem Konzentrationslager Bergen-Belsen in ein ehemaliges Kriegsgefangenenlager, das sogenannte „Lager Lindele" in Biberach, brachte. Viele der völlig entkräfteten Menschen starben dort oder auf dem Weg dorthin, einige wurden in Laupheim beerdigt. Wenige Grabsteine künden davon, das Schicksal dieser Menschen bleibt jedoch weitgehend unbekannt. Die meisten tragen nun erstmals wieder längere hebräische Inschriften, nennen auf Deutsch nur Namen und Daten.

Heute ist der Friedhof der Israelitischen Kultusgemeinde Stuttgart unterstellt. Seit Jahren wird er von der Stadt Laupheim sorgsam gepflegt, viele alte Grabmale sind restauriert und erneuert worden. Die Fragmente wurden in den letzten Jahren gesammelt und in Betonplatten gegossen in den Nischen der Mauer aufgestellt, um ihre Erhaltung sicherzustellen.

Gestaltung der Grabmale

Die Grabsteine auf dem Laupheimer Friedhof machen auf sehr eindrückliche Weise deutlich, welchen Wandel die Gemeinde in den gut 200 Jahren ihres Bestehens durchmachte. Aus dem 18. Jahrhundert sind nur noch wenige Grabmale erhalten. Diese mit Rundbogen schließenden, meist schmalhohen Stelen mit kunstvoller, rein hebräischer Kalligraphie sind typische Beispiele für die Grabmalkunst des 18. Jahrhunderts. Zu Beginn des 19. Jahrhunderts steigt die Zahl der erhaltenen Steine auf dem Laupheimer Friedhof stetig an. Die Gestaltung der Stelen in dieser Zeit zeigt eine große Variationsbreite, und es lassen sich die ersten Beispiele finden, die vom bürgerlichen, für die Umgebung offenen Selbstverständnis der Gemeinde zeugen. Zunehmender Wohlstand und das rapide Anwachsen der Gemeinde zu der zwischenzeitlich größten in Württemberg schlagen sich seit Mitte des Jahrhunderts in immer aufwendiger gestalteten und verzierten Denkmälern nieder. Neben den üblichen, von der Umgebungskultur übernommenen neuen Grabmalformen finden sich in Laupheim auch zwei weitgehend identisch gestaltete Grabmale mit neo-islamischen Einflüssen: die besonders aufwendig gestalteten Grabmale des 1860 gestorbenen David Levinger (△510) und des 1864 gestorbenen Moses Rosenthal (△466), die durch ihre Gestaltung sowie durch die hebräischen wie deutschen Inschriften das Bestreben deutlich werden lassen, auch in der neuen Zeit eine eigene jüdische Tradition in der Sepulkralkultur weiter zu entwickeln. Erst Ende des Jahrhunderts begann man, wieder auf schlichtere Formen zurückzugreifen. Neben die bisher üblichen Sandsteinstelen gesellen sich nun auch Obelisken aus polierten Hartsteinen, der erste Doppelstein für ein Ehepaar von 1900 markiert den Beginn des neuen Jahrhunderts auf dem bis dahin streng nach Geschlechtern getrennten Grabfeldern.

Im 20. Jahrhundert war es eine Person, die den Laupheimer Friedhof in besonderer Weise prägte: der aus Laupheim stammende Künstler Friedrich Adler, Professor an der Hamburger

Friedrich Adler, Professor an der Hamburger Kunstgewerbeschule. Allein 15 Grabsteine, die Adler sicher zugeschrieben werden können, existieren noch auf dem Laupheimer Friedhof. Sie demonstrieren in anschaulicher Weise seinen künstlerischen Werdegang, von Jugendstil über Art Déco zu den schlichten, klaren Formen der 20er und 30er Jahre. Viele zeigen in Konzept wie im Detail Gemeinsamkeiten mit seinen Werken aus anderen Kunstbereichen. Gleichzeitig drücken sie Adlers enge Verbundenheit mit seiner Familie und seiner Geburtsstadt Laupheim aus. So auffallend, wie einzelne Grabsteine auch sein mögen, so fügen sie sich doch harmonisch in das Gesamtbild des Friedhofes ein. Adler nimmt Formen traditioneller jüdischer Grabkunst ebenso auf wie Elemente umstehender Grabsteine, variiert sie und entwickelt sie weiter.[4]

In den 1920er Jahren setzt sich schließlich auch in Laupheim ein Trend durch, der allgemein in der jüdischen Gesellschaft verstärkt diskutiert worden war: Wachsende Kritik an der sich auch auf jüdischen Friedhöfen ausbreitenden Monumentalität und Prunksucht in der Grabmalkunst und der im letzten halben Jahrhundert vorherrschenden gedankenlosen Übernahme christlicher wie antiker Symbolik und Ornamentik führten zu einer Rückbesinnung auf die alten traditionellen Grabsteinformen. Nun tauchen wieder vermehrt schlichte schmalhohe Stelen mit Rundbogenabschluß oder Dreiecksgiebel auf, deren vorherrschendes Gestaltungsmerkmal einmal wieder die Kalligraphie wird. Inzwischen hat sich jedoch das Deutsch als Inschriftensprache allgemein durchgesetzt und wird meist nur noch von einzelnen hebräischen Elementen begleitet. Dafür tritt nun der Davidstern, der inzwischen zum allgemeinen jüdischen Symbol geworden ist, verstärkt in Erscheinung. Kurz darauf jedoch wird auch der Entwicklung jüdischer Grabmalkunst durch die Machtergreifung der Nationalsozialisten ein gewaltsames Ende gesetzt.

Symbolik

In Laupheim zählen wie andernorts auch die Abstammungssymbole zu den häufigsten Symbolen. Familien levitischer Abstammung waren hier gegenüber den Kohanim in der Mehzahl, und so ist die Levitenkanne in Laupheim n den verschiedensten Formen vertreten, bauchige Waschkrüge, einige mit Untersatz, stehen neben hohen schlanken Gießgefäßen. Die segnenden Priesterhände sind hier dagegen weniger häufig.

Auch Amtssymbole finden sich, wie die Darstellung von Beschneidungsmessern, in Laupheim meist verbunden mit den bei der Beschneidung verwendeten zwei Kelchen und einem Gebetbuch. Bücher erscheinen in Laupheim immer in Verbindung mit einem anderen Symbol, meist einem Beschneidungsmesser oder einem Schofar. Die ersten drei Kronen, die in Laupheim zu Beginn des 19. Jahrhunderts auftreten, sind dreidimensional auf die Spitze von Dreiecksgiebeln aufgesetzt. Später erscheinen Kronen meist reliefiert im Giebel über der Inschrift.

Der Davidstern erscheint in Laupheim zum ersten Mal 1909 und dann seit dem Kriegsjahr 1916 auf Grabsteinen. Dies steht sicherlich in Zusammenhang mit dem wachsenden jüdischen Selbstbewusstsein im Zuge des Ersten Weltkrieges. Eher mit einem Davidstern gekennzeichnet denn geschmückt sind die erst nach Kriegsende errichteten, vornehmlich oder ausschließlich hebräisch beschrifteten Grabmale aus den Jahren 1944 und 1945.

Auf zwei Grabsteinen findet sich in Laupheim die Darstellung der Bundestafeln, auf denen Moses auf dem Berg Sinai die „Zehn Gebote" empfing, eigentlich ein Element der christlichen Kunst des Mittelalters, ihre Darstellung gelangte erst spät in die jüdische Kunst. Die Namenssymbole Löwe und Hirsch finden sich in Laupheim mehrmals und mit einem Bär ist das Grabmal des 1824 gestorbenen Bernhard Ullmann (△822) geschmückt.

Das erste nichtjüdische Symbol erscheint in Laupheim auf dem Grabstein einer im Jahre 1828 verstorbenen Frau (△427). Es stellt ein

Auge dar, in einem Dreieck und umgeben von Strahlen. Dieses Zeichen, nicht zu verwechseln mit dem gleichgestalteten christlichen Symbol der Dreifaltigkeit, steht hier als Symbol der Aufklärung, für die Dreiheit von „liberté, égalité, fraternité": Im Sterbejahr 1828 wurden in Württemberg die Emanzipationsgesetze erlassen, ein großer Schritt hin zur bürgerlichen Gleichstellung der Juden.

Auf zwei Grabsteinen in Laupheim finden sich Symbole, die auf den Beruf des Verstorbenen deuten. Auf dem Grabstein der Esther Weil von 1854 (△33) sind im Giebel eine Schere und eine Garnrolle dargestellt, ihren Beruf der Putzmacherin symbolisierend. Und auf dem Grabmal des im Jahr 1881 in seiner Lehrwerkstatt bei einem Arbeitsunfall ums Leben gekommenen Adolf Neumaier (△587) sind Bierbrauereigeräte in einem Bottich dargestellt.

Blumen und pflanzliche Ornamente waren von Beginn an zur Zierde von Männer- wie Frauengrabsteinen gleichermaßen sehr beliebt. Zu den ersten, phantasievoll gestalteten Blumensträußen gesellen sich bald einzelne Blüten, Blütenranken und Girlanden, mal stilisiert, mal äußerst naturgetreu wiedergegeben. Meist bleibt dieser Schmuck reines Ornament. Ende der 1880er Jahre kommt in Laupheim die Darstellung von Mohnblüten und Mohnkapseln in Mode, als Symbol für den Todesschlaf.

Inschriften

Im Mittelpunkt der hebräischen Eulogien steht der Wandel des Menschen nach Gottes Weisung: seine Ehrfurcht vor dem Allerhöchsten, seine Wohltätigkeit gegenüber Armen und Bedürftigen, seine Fürsorge für Lebende und Tote, sein Eintreten für das Wohl der Gemeinschaft. Bei Männern wird darüber hinaus die Gelehrsamkeit ebenso hervorgehoben wie der regelmäßige Besuch der Synagoge. Das Lob auf die (verheiratete) Frau ist mit Vorliebe aus dem „Lob auf die tüchtige Gattin" nach Sprüche 31,10-31 zusammengesetzt. Besonders hervorgehoben werden in den Inschriften auch die Funktionen und Ehrenämter, die insbesondere Männer innerhalb der Gemeinde übernommen hatten.

Die hebräischen Inschriften können durch verschiedene Stilmittel ausgeschmückt werden. Eine ganze Reihe von Inschriften weist Endreime auf, einige wiederholen durch Akrostichon, den von oben nach unten zu lesenden ersten Buchstaben der Zeilen, den Namen des oder der Verstorbenen. Fünfmal ist das Sterbejahr durch ein Chronostichon angegeben, durch ein Wort, dessen Buchstaben den Zahlenwert des Sterbejahres ergeben.

Wegen der Vielzahl erneuerter Grabmale lässt sich das erste Auftreten von deutschen Inschriften nicht genau bestimmen. Vielleicht ist es die Inschrift auf der Rückseite des Grabmals des 1827 gestorbenen Joseph Lewenstein (△815), die in kürzester Form nur den Namen und das Sterbedatum angibt. Aber erst Anfang der 1850er Jahre treten vermehrt deutsche Inschriften zu den hebräischen. Zuerst finden sie sich häufiger auf der Rückseite des Grabmals, schnell aber sind sie ebenso oft auf der Vorderseite unter dem hebräischen Text zu finden. Die meisten dieser Inschriften sind sehr kurz, nennen nur Name, Geburts- und Sterbedatum, manchmal auch das Datum der Eheschließung.

Besonders in den 1860er Jahren wurden die deutschen Inschriften gerne durch lange, gereimte Gedichte ergänzt. Das Besondere gerade an den früheren dieser Gedichte hier in Laupheim ist, dass sie oft in schöner gereimter deutscher Sprache und eigenständigen Formulierungen die gleichen Inhalte vermitteln, wie die hebräischen Inschriften. Nur wenige deutsche Inschriften stellen eine wörtliche Übersetzung der hebräischen Inschrift dar. Meist handelt es sich dabei um erneuerte Grabsteine, die wohl zunächst nur eine hebräische Inschrift trugen, die dann auch ins Deutsche übertragen wurde. Auch die in hebräischen Inschriften beliebte Stilform des Akrostichons hat ihren Weg einmal in eine deutsche Inschrift gefunden (△187).

Mit der Durchsetzung des Deutschen seit den 1850er Jahren ging eine langsame Reduzierung der hebräischen Inschriften einher. Bis Mitte der 1860er Jahre finden sich noch einige sehr lange hebräische Inschriften, dann werden diese immer seltener, die Angaben knapper, die Eulogien kürzer. Stilmittel wie Akrosticha und Reim werden schon seit den 1840er Jahren seltener und sind bald die Ausnahme. Anfang des Jahrhunderts werden die Inschriften häufiger, die über und unter der deutschen Angabe von Namen und Daten nur noch die Einleitungs- und die Schlussformel auf Hebräisch wiedergeben, selten auch den Namen und/oder das Sterbedatum. Ab den 1920er Jahrens wird diese Art der Kombination von hebräischer und deutscher Inschrift die Regel, oft fällt das Hebräische auch ganz weg. Erst die wenigen Grabsteine, die nach Ende der Gewaltherrschaft der Nationalsozialisten in den Jahren 1945 bis 1947 gesetzt wurden, tragen wieder vornehmlich hebräische Inschriften. Und sie sprechen eine deutliche Sprache, deutlicher, als es wohl nach dem Krieg auf Deutsch möglich gewesen wäre.

Der jüdische Friedhof in Freudental

Wie der Laupheimer Friedhof ist auch der Friedhof in Freudental ein typisches Beispiel eines ländlichen oder kleinstädtischen jüdischen Friedhofs in Süddeutschland. Anfang des 19. Jahrhunderts angelegt, birgt er mit seinen 436 erhaltenen Grabmalen aus den Jahren 1811 bis 1946 bzw. 1970 als steinernes Archiv die Geschichte und Geschichten nicht nur der Freudentaler Gemeinde, auch Juden aus Zaberfeld sowie vorübergehend auch aus Stuttgart und Ludwigsburg wurden hier beigesetzt.

Der Friedhof liegt, wie es halachisch – religionsgesetzlich – üblich und vorgeschrieben war, außerhalb des Ortes, am Waldrand am Fuße des Seeberges. Möglicherweise ist es kein Zufall, dass der Friedhof nicht mehr auf Freudentaler Gebiet, sondern auf der angrenzenden Gemarkung der Gemeinde Bönnigheim liegt: Bis weit ins 19. Jahrhundert hinein blieb es Juden vielerorts verwehrt, Grundbesitz zu erwerben, und so waren die Freudentaler Juden, deren erster, 1723 angelegte Friedhof im „Alleenfeld"

an der Allee Richtung Ludwigsburg 1811 einer königlichen Fasanerie weichen musste, bei der Anlage eines neuen Begräbnisplatzes auf die Gnade der Obrigkeiten angewiesen. Doch im Gegensatz zu vielen in früheren Jahrhunderten angelegten Friedhöfen bot dieser neue Freudentaler Friedhof gute Bedingungen.

Die Grabmale des alten Friedhofs wurden laut einem zeitgenössischen Bericht für den Bau eines Jagdhauses verwendet. Damit teilten diese Steine das Schicksal der meisten mittelalterlichen Grabmale. Unklar ist der Verbleib der Gräber des alten Friedhofs. Ein jüdisches Grab wird für die Ewigkeit angelegt, muss bestehen bleiben bis zur erhofften körperlichen Wiederbelebung am Ende der Tage. Eine Umbettung ist nur erlaubt, wenn ein Leichnam ins Heilige Land, nach Jerusalem, überführt wird, oder wenn der Erhalt des Grabes anders nicht zu gewährleisten ist. Ob eine Umbettung der Gräber vom alten auf den neuen Friedhof in Freudental jedoch möglich war, bleibt dahingestellt. Ein Gedenkstein für eine solche Umbettung auf einem Sammelgrab, wie man sie auf anderen Friedhöfen manchmal findet, gibt es in Freudental nicht.

Die Grabmale des neuen Friedhofs blickten nun von einer kleinen Anhöhe hinab auf Freudental und damit auch nach Osten, in Richtung Jerusalem. Das Gelände ist von einer Mauer umschlossen, ein kleines Torhaus bietet den Zugang für einem Leichenwagen, daneben lässt eine kleine Pforte die Besucher auf den Friedhof treten. Von der Pforte aus trennt ein Weg das rechteckige Gelände in zwei ungleiche Teile. Rechts des Weges liegt der größere Teil mit dem alten Begräbnisfeld, in dem die Grabsteine in etwa siebzehn, in Nord-Süd-Richtung verlaufenden Reihen stehen, beginnend in der hinteren, nordwestlichen Ecke des Friedhofs. Am Ende des Weges steht ein Gedenkstein für die gefallenen jüdischen Soldaten des Ersten Weltkriegs, links des Wegs, nach Süden hin, schließt sich das jüngere, deutlich schmalere, seit 1911 belegte Begräbnisfeld an, in dem nur noch fünf Reihen angelegt wurden.

Wie in Laupheim wurde auch in Freudental

nach Geschlechtern getrennt begraben: In einer Reihe liegen fast durchgehend jeweils nur Männer oder nur Frauen, vom zweiten bis zum letzten Grabstein, und erst im 20. Jahrhundert durch drei nebeneinanderstehende oder gemeinsame Grabmale für Ehepaare unterbrochen. Nur bei den Kindergräbern mischen sich die Geschlechter: Wie auf den allermeisten Friedhöfen wurden auch hier Kinder seit 1813 auf einem eigenen Feld begraben, Anfang des 20. Jahrhunderts wurde ein zweites kleines Kinderfeld in der vordersten Reihe des Friedhofs angelegt. Auch für junge Ledige plante man hier in den 1820er Jahren eigene, nach Geschlechtern getrennte Reihen, die jedoch in den Folgejahren nicht nur mit Unverheirateten weitergeführt wurden, so dass heute das Grabmal des 1827 ledig gestorbenen Michael Horkheimer (△65) eine ansonsten nur mit Frauen belegte Reihe unterbricht. Nur ein weiterer Stein wurde in dieser Reihe einem Mann gesetzt: Seligmann Löb Benedikt (△52) aus Stuttgart wurde 1842 auf eigenen Wunsch nicht in Stuttgart, sondern hier neben seiner jung verstorbenen Tochter begraben, mit deren Grabstein ursprünglich der jungen Frauen bestimmte Teil der Ledigen-Reihe begonnen worden war. Seit 1821 gab es auch ein eigenes Feld für Wöchnerinnen, für Frauen, die bei der Er-füllung des ersten biblischen Gebotes überhaupt ihr Leben lassen mussten: „Seihet fruchtbar und mehret euch". Sieben Frauen wurden hier zwischen 1821 und 1857 begraben, am Ende der ersten drei Grabreihen, gleich rechts des Weges.

Gestaltung der Grabmale

Wie allgemein zu beobachten, sind die Grabmale auch hier bis ins 20. Jahrhundert fast durchweg aus Sandstein gefertigt. Die ältesten Steine schließen mit einem Bogen, hier fast immer eingezogen, mal geschweift und manchmal überhöht, der klassischen Gestaltungsform (nicht nur) jüdischer Grabmale seit dem Ende des Mittelalters. Diese Form bleibt für die Freudentaler Gemeinde dominierend

bis in die 1840er Jahre, während sich Juden aus anderen Gemeinden schon früh von diesem Stil absetzten. Schon das zweite erhaltene Grabmal (△2), 1812 für Jordan, Sohn des Ludwigsburger Hoffaktors Moses Götsch gesetzt, greift zwar in der Gestaltung des Schriftfelds die klassische Form mit leicht überhöhtem geschweiftem Rundbogen auf, setzt das Schriftfeld aber, flankiert von zwei Säulen, vor einen hochrechteckigen Stein. Der 1816 gestorbenen jungen Braut Fradel, Tochter des Stuttgarter Bankiers Seligmann Löb Benedikt, wurde eine hohe Stele (△51) gewidmet, die einen Dreiecksgiebel mit Eckakroterien trägt. Vier weitere Grabmale der Familie Benedikt wurden später identisch gestaltet und so zeigt sich hier schon früh die Gestaltung der Grabmale als Kennzeichen familiärer Zusammengehörigkeit.

Spätestens seit den 1840er Jahren nimmt die Formenvielfalt deutlich zu. Die rundbogig schließende Stele wird weitgehend abgelöst von hohen Stelen mit Dreiecksgiebel, oft mit Eckakroterien, und vielfach variiert. Die Grabmale werden höher, die Gestaltung differenzierter, immer deutlicher wird nun der Einfluss der Umgebungskultur: Der Zeitgeschmack und neue Moden, gepaart mit einem wachsenden Repräsentationsbedürfnis auch nach außen, finden ihren Ausdruck auch in der Grabmalgestaltung. Gleichzeitig künden weiterhin identisch gestaltete Male von familiärer Zusammengehörigkeit. Eine für Freudental gänzlich neue Form findet sich hier erstmals 1893 mit der gebrochenen Säule auf Postament (△257), einem Symbol für ein „abgebrochenes" junges Leben, für die neunjährige Alwine Levi gesetzt – es ist ein häufig zu beobachtendes Phänomen, dass Neuerungen, sei es in der Gestaltung der Grabmale oder in Sprache und Stil der Inschriften, zunächst bei Kindergrabmalen Verwendung finden, bevor sie zum Allgemeingut werden. Der erste Obelisk aus dunklem poliertem Hartstein, der seit den 1880er Jahren das Bild der allermeisten (nicht nur jüdischen) Friedhöfe bestimmt und bis heute beliebt ist, wurde hier im Jahr 1900 gesetzt (△373). Die Formenvielfalt setzt sich im 20. Jahrhun-

dert fort, schwarzpolierter Hartstein bleibt bis zuletzt bestimmend, aber die Grabsteine werden nun wieder kleiner und schlichter.

Symbolik

Die levitischen Familien waren in Freudental deutlich in der Überzahl: Dreißig Mal findet man hier das Symbol der Kanne auf Grabsteinen, gegenüber neun Grabmalen mit segnenden Priesterhänden. Zu den Amtssymbolen, die wichtige Funktionen innerhalb der Gemeinde symbolisieren, zählt das Beschneidungsmesser und manchmal auch ein Salbenfläschchen für den Mohel, den Beschneider, der die jüdischen Knaben am achten Tag nach der Geburt beschnitt. Das Schofar, das gebogene Widderhorn, steht für das Ehrenamt des Schofarbläsers, der an den hohen Feiertagen im Gottesdienst die hohe Kunst des Schofarblasens ausübte. Bücher stehen für Gelehrsamkeit und Frömmigkeit. Der Davidstern, heute das Symbol für das Judentum schlechthin, kennzeichnet in Freudental nur die beiden Einheitssteine, die 1945 bzw. 1946 für zwei polnische Holocaustüberlebende gesetzt wurden, die im Pflegeheim im Freudentaler Schloss den Folgen der KZ-Haft erlagen (△433 und △434). Beider Inschriften sind mit dem Wort „Jude" überschrieben – hier wird die nationalsozialistische, auf der Rassentheorie fußende Kennzeichnungspflicht mit dem „Judenstern" über den Tod hinaus und auch noch nach Ende der NS-Zeit fortgeführt.

Zu den von der Umgebungskultur übernommenen Symbolen zählen vor allem Vanitassymbole wie die in Freudental besonders beliebten Mohnkapseln, den Todesschlaf symbolisierend, die geflügelte Sanduhr als Zeichen für die Vergänglichkeit oder geknickte Rosen für Jungverstorbene. Das nicht nur aus dem Katholizismus bekannte Symbol des Auge Gottes, eingeschrieben in ein Dreieck und umgeben von Strahlen, das in Laupheim als ein Symbol für die bürgerliche Gleichstellung zu deuten war, findet man auf jüdischen Grabsteinen auch als Symbol für die Allgegenwart

Gottes und hier auf zwei Grabmalen aus den Jahren 1842 (△47) und 1892 (△338). Auf dieses Symbol gehen vielleicht die Strahlenkränze zurück, die in Freudental viele Grabsteingiebel zieren. Diese könnten auch für die Sonne und damit als Symbol für die erhoffte Wiederbelebung am Ende der Tage stehen, wahrscheinlich sind sie aber vor allem als Schmuck, als reine Ornamentik zu sehen, die in den 1850er Jahren die bis dahin vorherrschenden Rosetten, Kränze, Sterne und Blumengebinde in den Giebelfeldern ablösen und für ein Jahrzehnt den „Freudentaler Stil" bestimmen. Unklar bleibt die Bedeutung eines weiteren Symbols oder Ornaments, das sich in Freudental auf vier Grabsteinen zwischen 1833 und 1843 findet: eine Mondsichel.

Inschriften

Die ältesten Grabinschriften der Freudentaler Juden sind zunächst noch recht kurz, nennen die Namen, Daten und Gemeindefunktionen und wenige lobende Attribute. Deutlich heben sich von diesen Inschriften die Grabmale der Stuttgarter und Ludwigsburger Juden ab. Ein besonders ausführliches Beispiel ist das zweiseitig hebräisch beschriftete Grabmal (△51) der 1816 kurz vor ihrer Hochzeit wahrscheinlich während einer Epidemie gestorbenen Fradel, Tochter des Stuttgarter Bankiers Seligmann Löb Benedikt, mit seiner außergewöhnlich langen Inschrift.

Mit der Zeit wurden auch die Eulogien auf die Freudentaler Juden länger und ausführlicher. Sie nennen die klassischen Tugenden, wie zum Beispiel die Eulogie auf den 1874 gestorbenen Moses Löwe (△213), der seiner Gemeinde als Beschneider und Vorbeter diente, Mitglied in der Beerdigungsbruderschaft war und seiner Gemeinde offensichtlich seine Bibliothek hinterließ. Frauen wurden gerne mit Zitaten aus dem „Lob auf die tüchtige Gattin" (Sprüche 31,10-31) geehrt. Gerne wurden die Eulogien ausgeschmückt mit Stilmitteln wie Reimen und Akrosticha, die die Zeilenanfänge den Namen bilden lassen und in Freudental vor allem in den 1860er bis 1880er Jahren sehr beliebt waren.

Eine erste deutsche Inschrift findet sich in Freudental schon im Jahr 1835 (△23) und weist die Familie Horkheimer als Anhänger des Reformjudentums aus, das damals in erbittertem Streit mit den Anhängern der Orthodoxie lag, die für ein Festhalten an den alten Traditionen kämpfte und in Freudental lange vorherrschend blieb. Horkheimer blieb trotz aller Wirrungen seinen Überzeugungen treu. Dagegen bleibt die Grabinschrift für Horkheimers Widersacher, den 1861, also fast dreißig Jahre später gestorbenen, streng der Orthodoxie verpflichteten Rabbiner Joseph Mayer (△153), ganz den klassischen Rabbinerinschriften verpflichtet.

Erst 1848 trägt wieder ein Grabmal einen deutschen Namen auf der Rückseite (△124), 1850 und 1859 folgen weitere Grabmale aus der Familie Horkheimer (△76, △166). In den 1860er Jahren kommen einzelne, in den 1870er Jahren dann mehr deutsche Inschriften hinzu, sie bleiben aber auf die Rückseiten beschränkt und geben kaum mehr als Namen und Daten an. 1875 findet sich erstmals ein etwas längerer Text auf Isaak Levi (△215), der sich aber im Stil eng an die hebräischen Vorbilder anlehnt: Er gibt den Namen nicht in der bürgerlichen, sondern der jüdischen Form an, nennt anstelle eines Geburtsdatums das Lebensalter und das Sterbedatum nach dem jüdischen Kalender, gefolgt von einer vierzeiligen gereimten Eulogie, die inhaltlich die hebräische Eulogie frei in deutschen Worten wiedergibt

Das sollte jedoch eine Ausnahme bleiben und erst seit Mitte der 1880er Jahre trägt die Mehrzahl der Grabmale auch eine kurze deutsche Inschrift mit Namen und Daten nach dem bürgerlichen Kalender. Das erste Grabmal, das nur noch eine deutsche Inschrift trägt, ist ein Kindergrabmal aus dem Jahr 1893 (△258), und soweit es sich trotz der teilweise beschädigten Grabsteine überprüfen lässt, sind es bis zuletzt nur die Kindergrabmale, bei denen man gänzlich auf eine hebräische Inschrift verzichtete. Hier zeigt sich, dass die Gemeinde bis zuletzt traditionell geprägt blieb.

Wie alle jüdischen Friedhöfe hat auch dieser Friedhof die Zeiten nicht unbeschadet überstanden. Nicht nur in der NS-Zeit, zuletzt im Oktober 2007 wurde dieser „Gute Ort", dieses „Haus des ewigen Lebens", wie ein jüdischer Friedhof auch auf Hebräisch genannt wird, schwer geschändet, Grabmale umgeworfen, beschmiert und zerstört, so dass seine fast 150 Jahre umfassende Überlieferung fragmentarisch bleibt. Als letztes wurde hier 1970 Julius Marx (△435) beigesetzt. Julius Marx hatte die Schoah in Zürich überlebt und ließ sich in seiner Heimatgemeinde beisetzen, der er stets treu verbunden geblieben war.

1 Die Einführung basiert auf meinem ausführlich annotierten Artikel: Nathanja *Huttenmeister*: "Die allerletzten Dinge" - Jüdische Friedhöfe in Deutschland. In: Einführungen in die materiellen Kulturen des Judentums. Hg. von Nathanael *Riemer* (Jüdische Kultur 31). Wiesbaden 2016, S. 219-253. Einen ausführlichen Einblick in die Thematik bietet Michael *Brocke* u. Christiane E. *Müller*: Haus des Lebens. Jüdische Friedhöfe in Deutschland. Leipzig 2001. Online findet man eine Einführung in meiner „Spurensuche": http://spurensuche.steinheim-institut.org/.

2 Zum Laupheimer Friedhof siehe Nathanja *Hüttenmeister*: Der Jüdische Friedhof Laupheim. Eine Dokumentation. Hg. von der Stadt Laupheim und dem Verkehrs- und Verschönerungsverein Laupheim e.V. Laupheim 1998; sowie die Präsentation der Dokumentation in ‚epidat', der epigraphischen Datenbank des Salomon Ludwig Steinheim-Instituts für deutsch-jüdische Geschichte e.V. an der Universität Duisburg-Essen: Digitale Edition – Jüdischer Friedhof Laupheim (1761-1979 / 921 Einträge), URL: http://www.steinheim-institut.de/cgi-bin/epidat?id=lau. Die im Text angegebenen Grabsteinnummern entsprechen den Inventarnummern in der Datenbank.

3 Zum Freudentaler Friedhof siehe Ludwig *Bez u.a.*: Der jüdische Friedhof in Freudental. Hg. vom Pädagogisch-Kulturellen Centrums Freudental. Stuttgart, 1996; sowie die Präsentation der Dokumentation in epidat: Digitale Edition – Jüdischer Friedhof Freudental, Neuer Friedhof (1811-1946 / 436 Einträge), URL: http://www.steinheim-institut.de/cgi-bin/epidat?id=fre. Die im Text angegebenen Grabsteinnummern entsprechen den Grabsteinnummern in der Publikation sowie den Inventarnummern in der Datenbank.

4 Siehe dazu: Laurie A. *Stein*: Grabmalkunst. In: Spurensuche: Friedrich Adler zwischen Jugendstil und Art Déco. Katalog zur Ausstellung. Hg. von Brigitte *Leonhardt* u.a. Stuttgart 1994, S. 130-137.

Ornamente und Symbole auf jüdischen Grabsteinen

Jüdisches Symbol: Levitenkanne
Moses Abraham Levi, 1816-1881
Jüdischer Friedhof Freudental

Jüdisches Symbol: Priesterhände
Löb Kahn, gest. 1879
Jüdischer Friedhof Freudental

Jüdisches Symbol: Schofarhorn
Hayum Samuel Stern, 1809-1890
Jüdischer Friedhof Freudental

Jüdisches Symbol: Krone
Lazarus Leopold Einstein, 1762-1836
Jüdischer Friedhof Laupheim

Pflanzensymbolik: sechsblättrige Blüte, Palmzweig
Jakob Hirsch Stein, 1817-1900
Jüdischer Friedhof Freudental

Pflanzensymbolik: Mohnkapseln, Feston
Levi Vögele, 1823-1896
Jüdischer Friedhof Freudental

Tiersymbol: Löwe
Max Mayer, 1841-1859
Jüdischer Friedhof Laupheim

Symbol: Mondsichel
Moses Hirsch Dötelbach, 1780-1843
Jüdischer Friedhof Freudental

Symbol: Kranz
Bertha Ulmann, 1794-1844
Jüdischer Friedhof Laupheim

Symbol: Muscheln, Sterne
Ernestine Jordan, gest. 1890
Jüdischer Friedhof Freudental

Symbol: Auge im Strahlenkranz
Gabriel Ulmann, 1835-1892
Jüdischer Friedhof Freudental

Schmucklos
Jechiel Hirschmann, 1788-1869
Jüdischer Friedhof Freudental

Art déco
Caroline Bernheim, 1804-1924
Jüdischer Friedhof Laupheim

Historismus
Jitzchak Mosbacher, 1812-1888
Jüdischer Friedhof Freudental

Historismus
Sophie Nathan, 1827-1860
Jüdischer Friedhof Laupheim

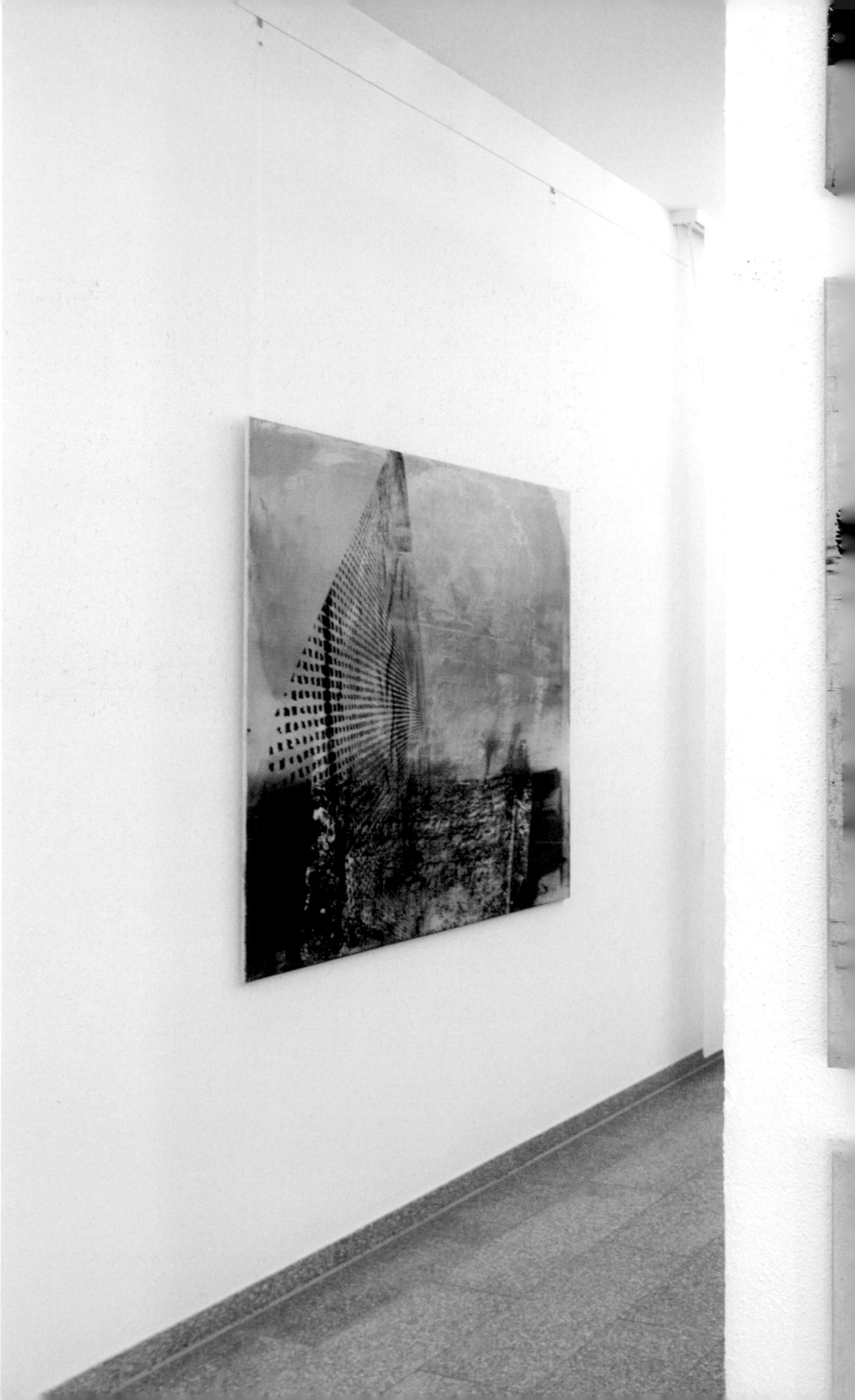

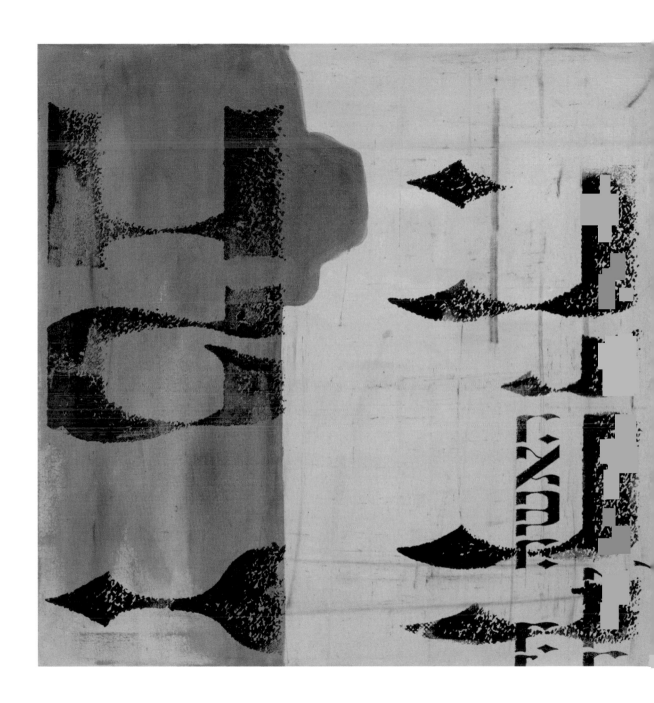

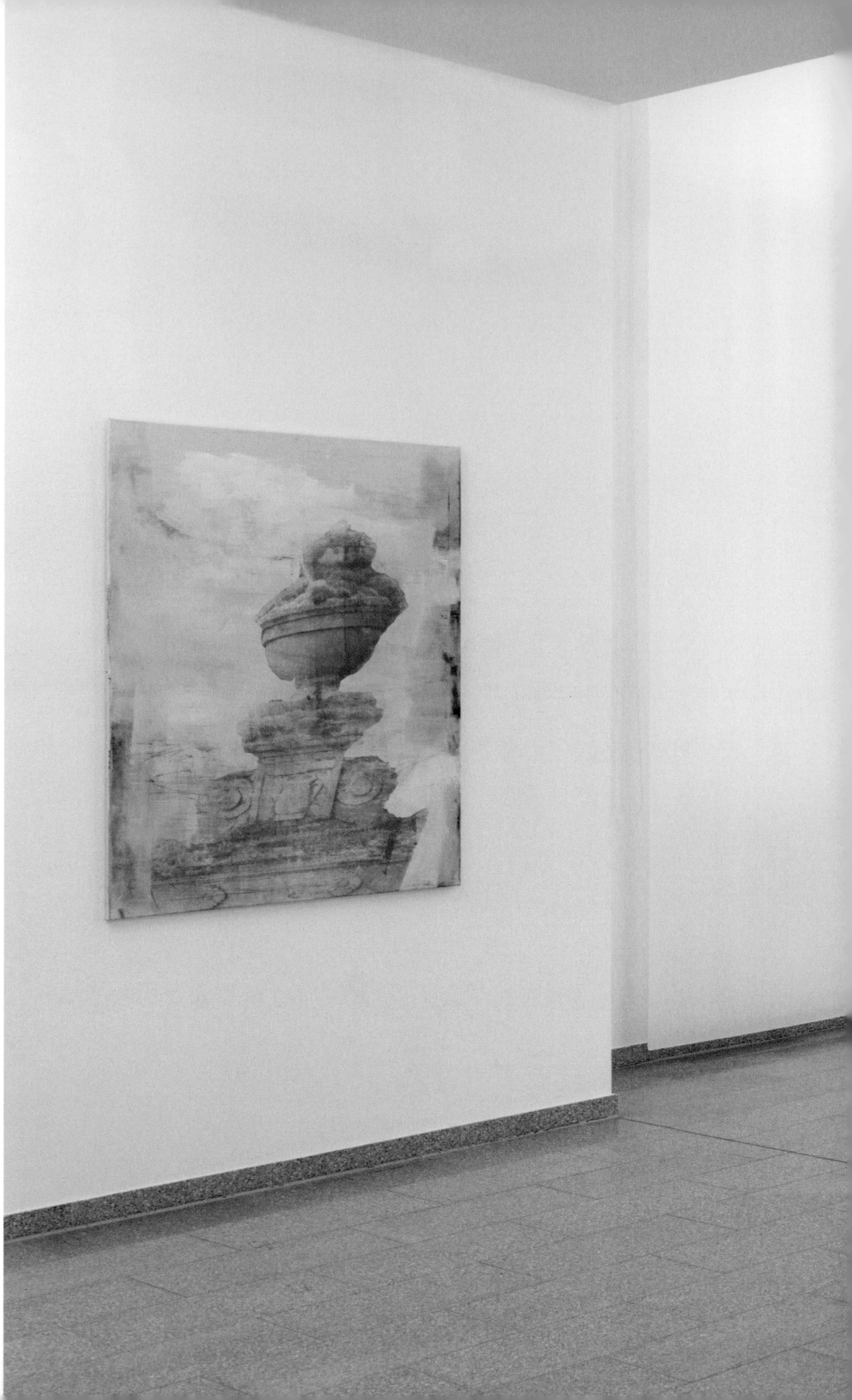

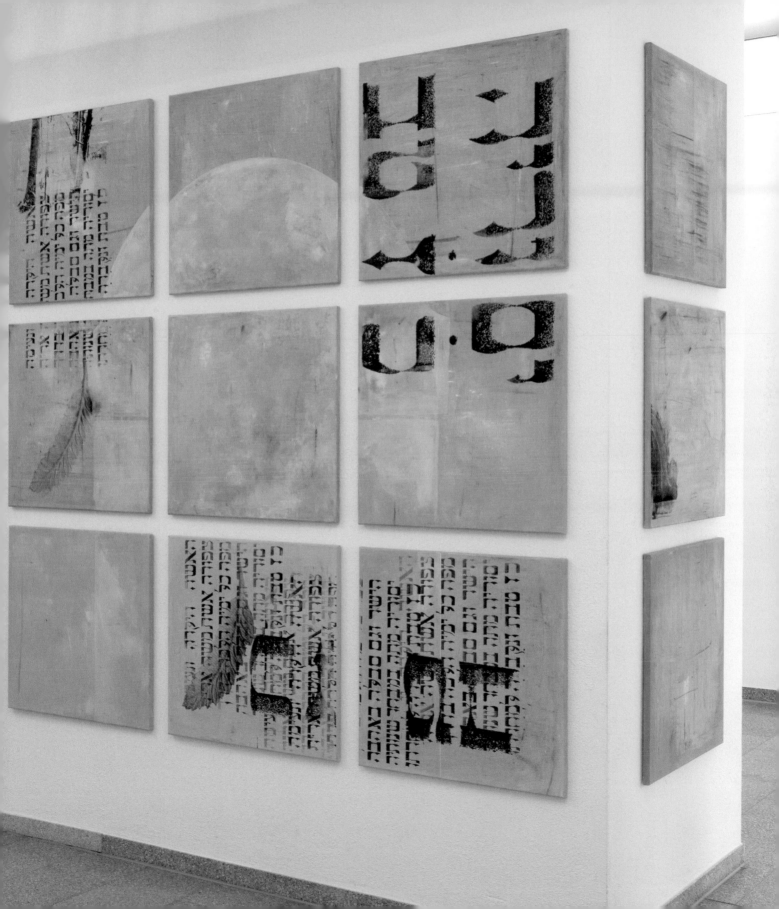

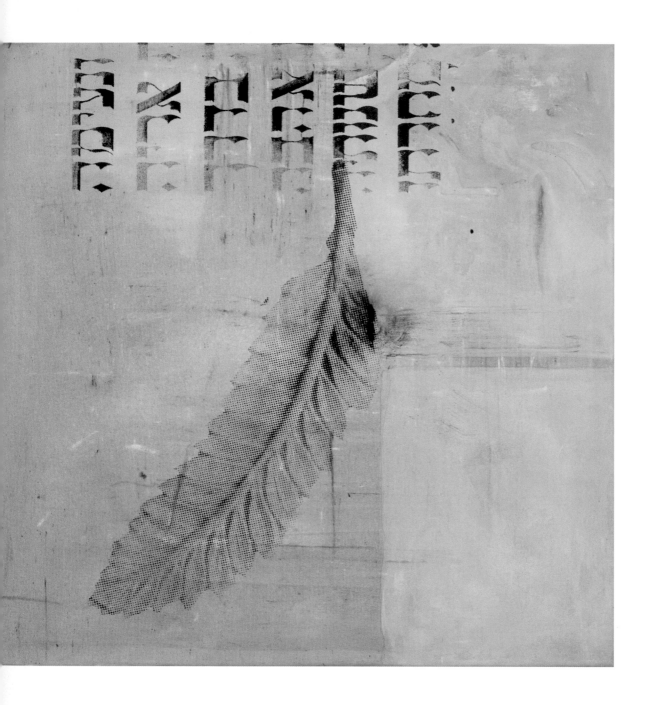

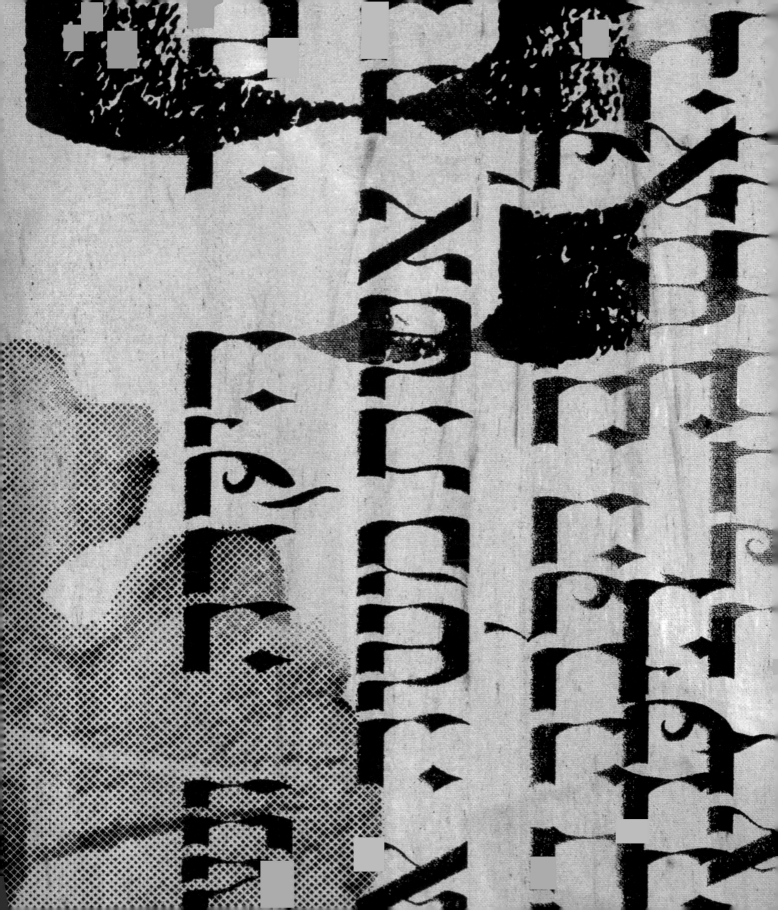

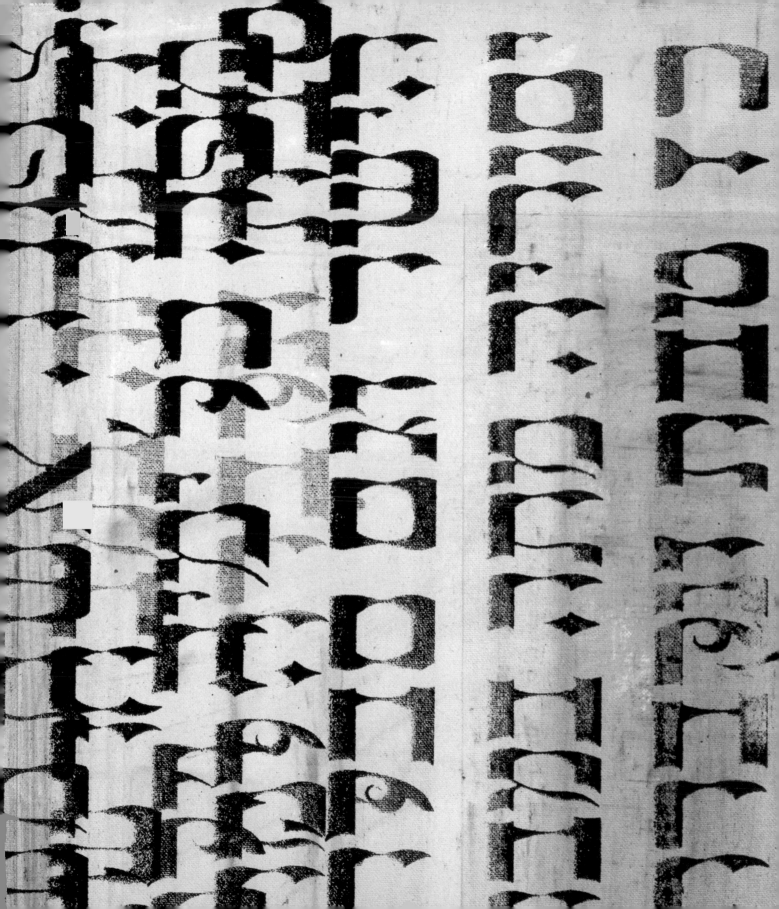

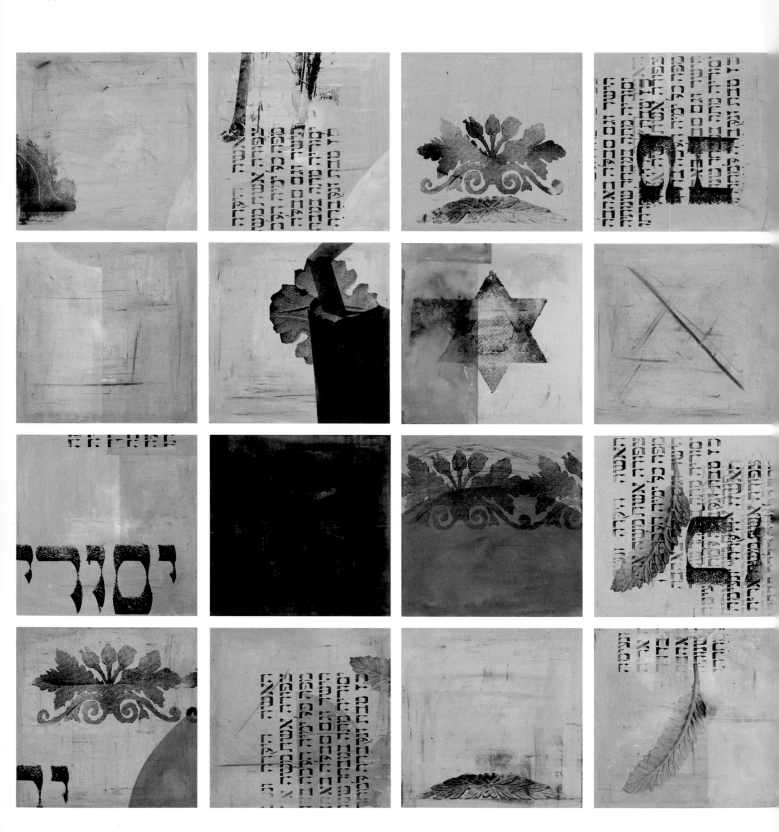

Bildnachweis:

Werke: Trauer unterm Davidstern
Pigment und Siebdruck auf
Rohleinwand, 2021, 140 x 110 cm
S. 43 #1/1
S. 45 #1/2
S. 46/47 Detail #1/1
S. 51 #2
S. 55 #3

Asche, Pigment und Siebdruck
auf Leinwand, 2021, 70 x 70 cm
S. 58 #22
S. 59 #25
S. 60 #26
S. 61 #27
S. 64/65 #4 (Detail)
S. 66 #7
S. 67 #6
S. 71/71 #36 (Detail)
S. 72 #35
S. 73 #37
S. 76 #16
S. 77 #18
S. 78 #21 (Detail)
S. 82/83 #43 (Detail)
S. 84 #48
S. 85 #41
S. 86/87 32teilige Anordnung

Siebdruck auf Rohleinwand
2021, 80 x 60 cm
S. 89 #56
S. 91 #57
S. 93 #58
S. 94 Detailaufnahme

Projektskizze
S. 98

Fotografien:
Jüdischer Friedhof Freudental
S. 6, 28, 29, 44, 50, 54

Jüdischer Friedhof Laupheim
S. 12, 20, 21, 42

**Ausstellungsansichten
Staatsarchiv Ludwigsburg**
S. 38/39, 40/41, 48/49, 52/53,
56/57, 62/63, 68/69, 74/75, 80/81,
95/96, 99

Archivaliennachweis:

**Landesdenkmalamt Baden-
Württemberg: Dokumentation der
jüdischen Grabsteine in Baden-
Württemberg: Fotos**
Landesarchiv Baden-Württemberg,
Staatsarchiv Ludwigsburg,
Bestand EL 228 b II

S. 33 links: EL 228 b II Nr. 77354
S. 33 Mitte: EL 228 b II Nr. 77488
S. 33 rechts: EL 228 b II Nr. 77243
S. 34 links: EL 228 b II Nr. 62214
S. 34 Mitte: EL 228 b II Nr. 77138
S. 34 rechts: EL 228 b II Nr. 77286
S. 35 links: EL 228 b II Nr. 62113
S. 35 Mitte: EL 228 b II Nr. 77557
S. 35 rechts: EL 228 b II Nr. 63156
S. 36 links: EL 228 b II Nr. 77319
S. 36 Mitte: EL 228 b II Nr. 77225
S. 36 rechts: EL 228 b II Nr. 77540
S. 37 links: EL 228 b II Nr. 61535
S. 37 Mitte: EL 228 b II Nr. 77251
S. 37 rechts: EL 228 b II Nr. 62960

Sibylle Möndel,
geb. 1959, ist freischaffende Malerin
und Grafikerin.
Sie ist Mitglied im Bundesverband
Bildender Künstlerinnen und Künstler
sowie im Künstlerhaus Stuttgart.
2006 wurde sie mit dem 22. Mainzer
Kunstpreis „Vision Europa" ausgezeich-
net und erhielt in den Jahren 2021 und
2022 jeweils ein Stipendium des Ministeriums für Wissenschaft, Forschung
und Kunst Baden-Württemberg.
Ihre Arbeiten werden im In- und Aus-
land in Einzel- und Gruppenausstellun-
gen gezeigt.
Werke von Sibylle Möndel befinden sich
in öffentlichen und privaten Sammlun-
gen.
Sibylle Möndel lebt und arbeitet in
Kornwestheim und Stuttgart.

www.moendel.de